An Essential and Practical Book on
A Course in Miracles

『奇跡のコース』を生きる実践書

奇跡を目撃し合い、喜びを分かち合う生き方

香咲 弥須子
Yasuko Kasaki

ナチュラルスピリット

はじめに

本書は2011年3月13日（日）に東京でおこなわれた「『奇跡のコース』[*1]のワークを学ぶガイドブック」シリーズ出版記念セミナーの記録をまとめたものです。セミナーは当初、3月12日〜13日の2日間の日程でしたが、3月11日に起きた東日本大震災の影響で交通手段に不都合が生じ、1日のみの開催に変更となりました。そのときの録音データをもとに第1部を構成し、第2部として、セミナーが短縮されたぶん、お話しした内容をより徹底して理解していただき、より単純明快に、日々の実践に役立てられるようにと願いを込めて、お伝えしきれなかったことを補足いたしました。わたし自身の体験もシェアさせていただいています。

本書は、『奇跡のコース』[*2]を日常で実践するための入門編です。そしてまた、ワークの初級、中級編でもあります。わたしは、コースに出会い、日々のすべてがその学びに捧げられるようになって15年を超えていますが、ここに記した実践、練習を、今もやっています。15年やってもうまくできないからではなく、15年たっても、このワークが自分にとって最も有効だと感じているから、そして、このワークがいつも、おこなったあとの奇跡を約束してくれるからです。

『奇跡のコース』の学びのために、その理論の基礎や力学は、『『奇跡のコース』のワークを学ぶガイドブック』シリーズに書いてきました。ここでは、すでに書いたこととできるだけ重ならないよう、気をつけたつもりです。

著者

*1　2011年1月よりナチュラルスピリットから順次刊行。12巻で完結の予定。

*2　1965年10月21日、ニューヨーク、コロンビア大学臨床心理学教授ヘレン・シャックマンが内なる声を聞き、書き取りを始めた、真の自己を生きるための独習書。書き取りはじつに7年にも及び、1976年に「テキスト」「ワークブック」「教師のためのマニュアル」の3部作からなる初版が刊行され、その後、追加で書き取られた「心理（精神）療法」「祈りの歌」の付録2部を追加した英語版新版が2010年に刊行された。日本語版は2010年11月に『奇跡のコース　第一巻／テキスト』（大内博訳、ナチュラルスピリット）が刊行されている。以降、順次刊行予定。

『奇跡のコース』を生きる実践書　もくじ

第2部　日々の実践ポイント……………… 213

【図表一覧】

『奇跡のコース』を生きる実践書

奇跡を目撃し合い、喜びを分かち合う生き方

第1部　基本となる考え方

この宇宙にはたったひとつのエネルギーしか存在しない

アメリカの同時多発テロ9・11が起きたときに、わたしは現場の非常に近くにいました。マンハッタンというのは東京の世田谷区よりも小さなところで、その区域内ならどこも近いといえるのですが、そこで大勢の方々のたくさんのドラマと身近に接してきました。

わたしは、9・11の5日後に現場を訪ねる機会を得ました。5日後というのは生存者をまだ探知機で捜している最中で、夜中でしたが、現場に近づくにつれて、「ああ、生存者はひとりもいないな」ということを感じました。なぜかと申しますと、平和だったのです。完璧な平和です。あの平和の感じを言葉で表現するのは難しすぎるくらい、本当に深い平和を感じました。

もちろん、大勢の人間が働いていますから、その人たちのさまざまに深い、悲嘆や驚《きょう》愕《がく》、憤怒といった感情はあります。でも、そういったものをはるかに凌駕《りょうが》するすばらしい、深く厚い豊かな平和がありました。

これは、肉体の中でもがいている人間がいたらあり得ない平和だなと思いました。苦悩と悲しみと嘆きというのは、全部こちら側にいるわたしたちのものです。ですが、その場にあったのは、身体を離れた方々の魂の、わたしたちを励ます、わたしたちを包み込むエネルギーでした。それが本当に大きく存在していたのです。

それを感じたとき、嘆きの淵まで追いやられたわたしたちがやることは、どうやって快復し、どうやって心の平和を取り戻していくか、そして、どうやってこの励ましてくれる大いなるエネルギーに応えることができるかということ、それが唯一、大事なこととして与えられているな、と、そのとき思いました。今も同じように思っています。

わたしがお話ししていること、おわかりになりますか？

わたしたちは自分の心の至らなさや罪悪感、それから恐怖感を投影してたくさんのドラマを見ています。そしてそのドラマの中に、自分たちを守らなくてはいけない、プランを立てなくてはいけない、今回の場合ですと、たとえば、原子炉はやはり必要だ、原子炉を建てる場所に人が住んでいてもしかたないではないか、と、いろいろなことをやります。そして、そのドラマは進行していき、ある種のクライマックスを迎えて、自分たちの嘆きがクライマックスとしてまた画面上に映るわけです。それをわたしたちは見ています。

『奇跡のコース』が語っていること、教えてくれる世界というのは、他のすべての思想と大きく異なるものというわけではありません。他のスピリチュアリティを勉強なさってきた方や、古今東西の宗教、哲学、みなさんが究めてきたこと、みなさんが発見してきたこと、みなさんが考えられてきたことが『奇跡のコース』の中に見つけられると思います。

まず、「神、在り（＝GOD IS.）」ということがあります。「神、在り」とはどういうことかというと、この宇宙には、たったひとつのものしか存在しない、たったひとつのエネルギーしか存在しない、という、これが原点になります【図1参照】。これは一神教か多神教かという宗教とは別のことです。

たったひとつのものがある、たったひとつのものである、ということは、それに反する異なるエネルギーは存在しないということです。つまり、悪のエネルギー、灰色《グレー》のエネルギー、逆のエネルギー、そういうものは一切存在しないということです。

相反するエネルギーが何も存在しないので、わたしたちが存在している宇宙【図1の四角の中】のエネルギーは平和です。葛藤がありません。なぜ平和なのか。葛藤がないからです。相反するエネルギーが存在しないからです。相反するエネルギーが存在しないと、そこには調和しかありません。調和が崩れるということは絶対にないのですね。

神、在り（GOD IS.）

平和　Peace

調和　Harmony

相反するエネルギーは存在しない

＝葛藤がない

＝平和・調和である

この宇宙にはたったひとつのエネルギーしか存在しない

図1

調和は崩れない。平和である。これを愛と呼びます。これを神と呼びます。

これはあらゆる神秘思想の原点です。神秘思想というのは、目に見えないものに力があるという見方をする思想ですが、その原点になります。

相反するものは何も存在しない。ネガティブなエネルギー、そんなものは存在しない。自分と違うエネルギー、そんなものは存在しない。この宇宙のエネルギーというのはただひとつです。

ひとつだから、この宇宙のエネルギーというのは、平和であって、調和がとれていて、そして減ることがないのですね。減ることがなくて、ただ、経験として増えていくように見えるだけです。何も起こりません。減りません、闘いません、どこにも移動しません。ここにただ、ある。このエネルギーがただひとつある。これが原点です。

ですが、これもひとつのものの見方にすぎません。このように考えないものの見方というものもあります。それは、宇宙はそんなものではない、たしかに悪魔的なエネルギーは存在するではないか、たしかに破壊的ではないか、たしかに不公平ではないか、といった考え方です。たしかに人生というのは不条理で、不公平で、不幸だ、という考え方も、もちろん存在しているわけですね。

どちらでもいいです。どちらでもかまいません。これは考え方ですから。

でも、ひとつ大事な事実があります。それは、「自分がどう考えるかが、自分の人生の体験を決めていく」ということです。

ですから、「世の中は不公平だ」「人生なんて結局、運に左右されるものなんだ」そう思っていれば、たしかに人生はそのようになります。そしてもし、「いや、宇宙とはそういうものではない」と思うのであれば、人生はそのようになります。どちらも自分の選択ですし、どちらでもいいのです。

ただ、わたしたちは前者のほう、「人生というのはたいへんなものだ。山あれば谷もある」そのように思ってやってきた経験はもうかなり豊かにもっていますから、これからもまだ足りないと思うのでしたら続けてもいいですし、でも、「こういう考え方に変えれば人生は変わるのか。では、そっちも体験してみよう」と思うことは難しい選択ではありませんね。だからそれをやってみましょう、というのが、まず、わたしからの『奇跡のコース』のご案内です。

「スピリットの思考体系」と「エゴの思考体系」

コースでは、わたしたちの心には、ふたつの考え方、ふたつの思考体系があると教えています。【図2参照】

ひとつの思考体系というのは、「わたしはこの宇宙の一部である」というものです。「宇宙とは、愛に満ちていて、自分だけは違うなんてあり得ない。自分は宇宙の一部なので、わたしとは平和そのものである。わたしとは愛そのものである。わたしとは永遠そのものである。わたしとは信頼、安定、安心、喜び、慈しみ、清らかさそのものである」そういう考え方です。これを「スピリットの思考体系」といいます。

もうひとつは、「いいえ、自分は未熟である」というものです。「自分には欠けているところがある。だめなところがある。罪悪である。恐怖である。弱者である。自分の人生は後悔だらけである。心配だらけである。悲しみである。恥である。苦しみである。怒りである」このように見る思考体系です。スピリットのまわりでまるでもくもくと雲を出して隠すように、あるいはひらひらと漂っているように見えるものですね。スピリットの自分に張りついているもの、これをわたしたちは「エゴの思考体系」と呼びます。

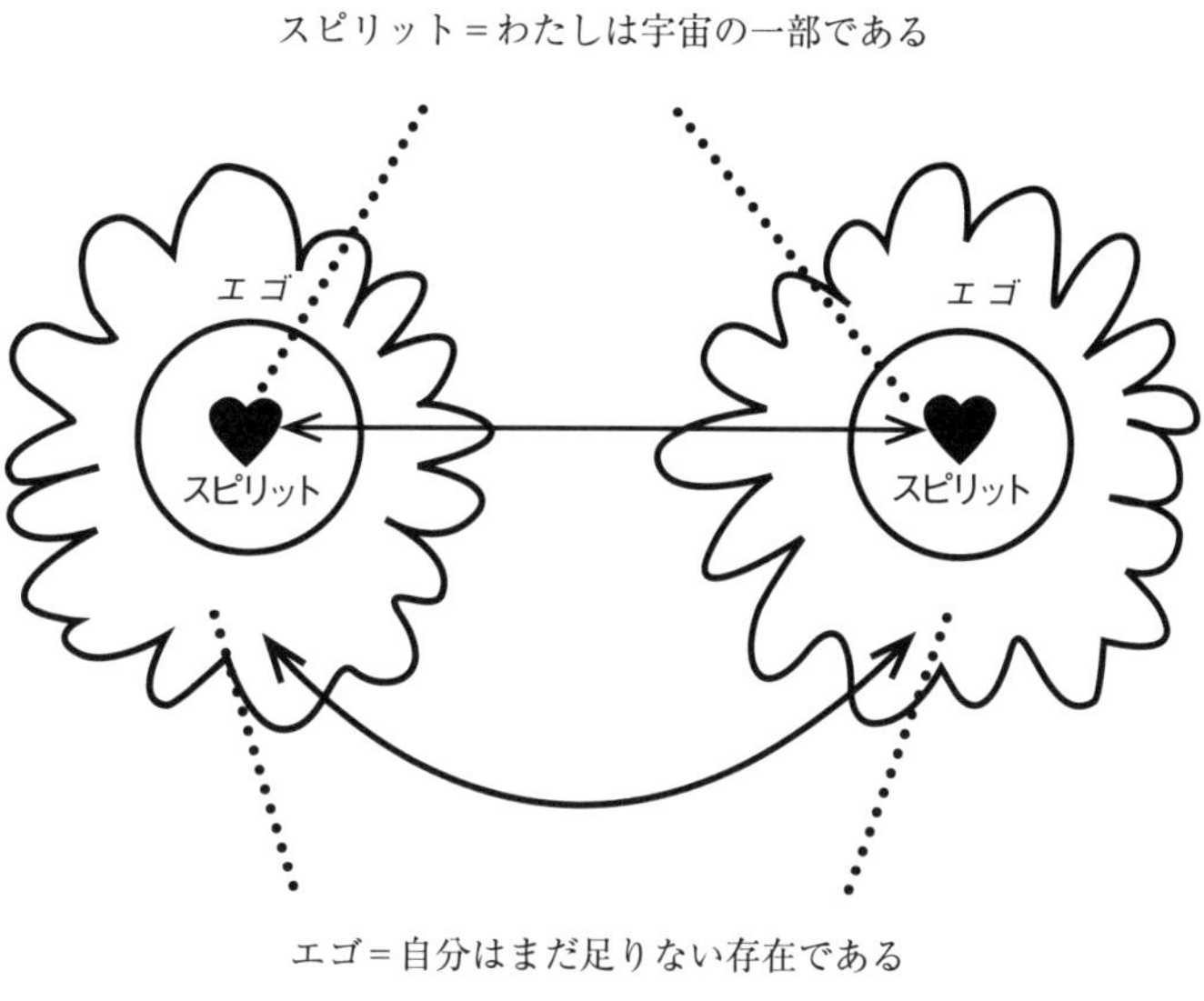

スピリットにはスピリットからしかつながれない。
スピリット同士がつながることを、本当のコミュニケーションと呼ぶ。

心には「スピリットの思考体系」と「エゴの思考体系」のふたつがある
図2

中心にあるのが、神のスピリットです。この神のスピリットをエゴ（自我）の思考が隠そうとしています。でも、このひらひらとしているものは、じつは存在していません。こんなものは存在していないのが、この宇宙であり、神です。

神があり、神の子どもである自分、すなわち神の一部である自分がいて、そのまわりにひらひらしているこの妄想がありますが、この妄想、幻想はいったい何でしょうね。これは存在していません。けれども、わたしたちは、この幻想を自分自身だと思っています。

そして、この幻想を自分自身だとする「エゴの思考体系」で生きてきたわたしたちが、エゴは実在しないものだったのだ、自己とはスピリット以外のものではあり得ないのだ、ということを受け入れ、「スピリットの思考体系」に戻る、スピリットの自分に戻ることを「ゆるし」といいます。

ではどうやってスピリットに戻るのでしょうか。

腹を立てていたり、怖がっていたり、おろおろしていたり、心配していたり、悲しみに沈んでいたりするときに、さあ、スピリットに戻ろう、愛と平和に戻ろうといっても、戻れるわけがありません。なぜなら、戻ろうと思っている意識は、エゴの思考体系にいるからです。だからスピリットに戻るときにはどうしたらいいかというと、ホーリースピリット（聖霊）にお願いします。

ホーリースピリットとは、何でしょうか？
ホーリースピリットというのは、わたしたちが「ゆるし」を通じてスピリットに戻ろうとするときに、戻してくれる存在です。わたしたちの「戻りたいです」という声を聞いて、手を差し伸べてくれる存在です。そして、ホーリースピリットはまた、神の声をわたしたちに伝えてくれる存在でもあります。オーディオ装置のようなものだと思ってください。わたしたちの声を聞いてくれて、神の声も伝えてくれる、それがホーリースピリットであり、わたしたちはつねにホーリースピリットの助けを得て、スピリットに戻ることができます。

これはコースの基本であって、何回も聞いていらっしゃる方が大勢いらっしゃるので、簡単に説明させていただきましたが、わかりにくいところがある方、いらっしゃいますか？　大丈夫でしょうか？

今までお話ししてきたことを今度は違う言い方にしてみます。
図３【23頁】をごらんください。わたしはステージの上にいます。人生の舞台に立っていて、生まれて、少しずつ大きくなって、成人して、たとえば結婚したり子どもを産んだりして、いろいろな人が自分の人生のまわりに現れて、やがて腰が曲がってくるなどして、そして

人生の外、ステージの外に出ていくわけです。わたしたちはこのように人生というものを考えています。

ひらひらの思考体系、つまりエゴの思考体系の中にいるということは、このステージの上にいるということです。わたしたちはエゴの中にいるとき、人生を、「生まれて、成長して、いつかこのステージを降りる」ものだと見ています。この場合、いつステージを降りるかは自分では決められなくて、人生というのは偶然の連続であって、神の気まぐれによっていつカットされるかわかりません。

もし、これが人生だとするならば、人生で大事なものは身体です。身体の安全こそが人生でいちばん大事なものです。この限られた人生の中で、できるだけ快適さを手に入れること、それが人生の目的になり、その主人公は身体です。

このように、ステージの上にいると信じているのが、エゴの思考体系です。

それでは、スピリットはどこにあるかというと、胸の中にあります。スピリットは、わたしを囲んでいるひらひらしたエゴの思考体系にはいないし、身体とはまったく関係がありません。ステージの外にいて、このステージを見ています。ステージの上ではなくて、ステージの外から、自分自身のドラマだけではなく、他のすべてのドラマを見ています。

だからエゴは、「そうではない。自分はステージの上にいるのだ」と主張したいのですね。

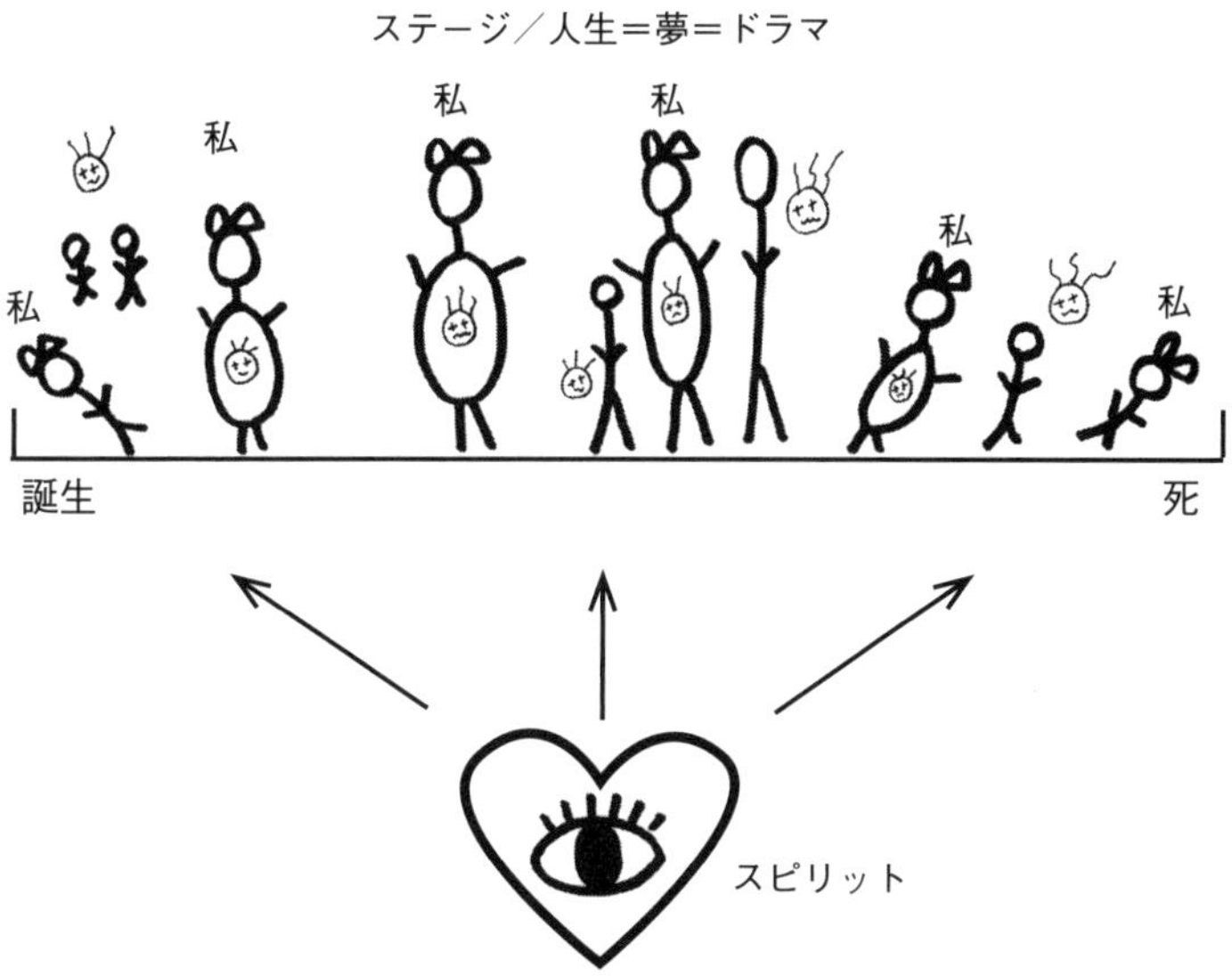

ステージの上の自分は、自分を肉体だと思っている。

スピリットはステージの外にいて、すべてのドラマを見ている。

わたしたちは夢見る者《ドリーマー》

図3

主張するために何をするかというと、身体を武器にします。身体を武器にして何をするかというと、「痛い！」と言います。「痛い！ この痛みはリアルではないか。リアルということは、ほら、自分は身体にいるんだ」と、エゴはステージの上にいることを主張したくて、身体の痛みを使います。

膝が痛い、胃が痛い、歯が痛い、災害がある、事故がある、犯罪がある、そういう痛みを使って、「わたしたちはステージの上にいるんだ」ということを自我は訴えるのですね。そうした自我に引きずられて、わたしたちは、「そうだそうだ、痛いんだ。だからこれは本当だ。これは悲劇なんだ。悲惨なんだ。人生はたいへんなんだ。破滅するんだ」と騒ぎをつくり、その騒ぎこそが人生になっていくわけです。

わたしたちは夢見る者《ドリーマー》

わたしたちが忘れてならないのは、ステージの上で、いかにリアルに見える痛みがあろうと、いかにリアルに見える出来事が展開していようと、わたしたちは「夢見る者《ドリーマー》」だということです。

自分は、図3【23頁】でいうと、胸のところ、ハートのところにいるのであって、このステージの上にはいないということを、「そんなはずはないだろう」と否定するのは、全部、身体です。身体を使って自我が、「痛いでしょう？　痛みというのはリアルでしょう？　わたしたちはステージの上にいますよ」と主張しています。

でも、わたしたちはハートのところにいます。ステージの上にいるのはただのパペット、あやつり人形です。ですから、そのあやつり人形のひとりひとりを、あちこちいじくりまわしたり、コントロールしようとしたりしても無駄です。無意味です。わたしたちはステージの外にいて、このドラマ全体を自分の意志で見ています。………。ここまでいいでしょうか？

質問者1（男）　今、図で説明してもらったことは、痛みは肉体が感じるものであって、本当のあなたというのは痛みを感じていない、ということだと思います。今はわかりますが、でも、痛みを経験している最中にそのことを思い出しても、なかなか……。

痛みはエゴが主張するものであって、身体は痛みを感じないし、本当の自分も感じません。でも、痛みの最中に、「この痛みはリアルではない」と思っても、リアルですよね。

痛みによって、実際に歩けなかったりするという、そういうリアルさもあるでしょうし。先ほど申し上げた中で、自分でスピリットに戻るのは難しいと言いましたが、難しいというより、痛みの最中に自分でスピリットに戻るのは、不可能です。

質問者1 痛みというのは、肉体に意識が戻りやすくて、レッスン（『奇跡のコース』ワークブックのレッスン）をしていても、痛みの最中にはなかなか痛みがなくならなくて……。

自分ひとりでレッスンするのは難しいですね。レッスンしようとしている自分はエゴですから。

質問者1 そうなんですか!?

〈会場　笑い〉

そうなんです。ノートに書いておいてくださいね。レッスンをがんばろうとしている自分はエゴにいます。スピリットに戻ろうとするときに、エゴと一緒にやろうと思ってもできないので、ホーリースピリットに「助けてください」とお願いします。ただお願いするだけでいいんです。

これは、コースに書かれているものではなくて、ケネス・ワプニック先生が便宜的に作った図です。【図4・29頁参照】

わたしたちの心には、「スピリットの思考体系」と「エゴの思考体系」があって、わたしたちはどちらかの心を使っています。どちらかの心を使って物事を見ています。

この、どちらの心を使うかを決めることができる意識が、わたしたちの意識、コンシャスネスですね。この意識が、スピリットを使いたいか、エゴを使いたいかを決められるデシジョン・メーカー、すなわち「決意する意識」です。

たとえば痛みがあるときに、「痛いよねー」とエゴの思考体系に行ってしまう意識がある一方で、「自分はスピリットに行きたい。痛みはリアルではないのだ、というところに行きたい」と、スピリットの思考体系を選ぶ意識もあります。

実際のところをいえば、わたしたちの意識は、ふたつのうちのどちらかを選ぶというよりも、つねにエゴの側にいますから、必ずホーリースピリットに助けてもらって、スピリットの思考体系に行くことになります。助けてもらって行くためにはどうしたらいいかというと、単にホーリースピリットにお願いするだけで大丈夫です。ただし、お願いしたら必ず答えてくれますから、その答えを待たなくてはなりません。じつはこれが難しいのです。

お願いしっぱなしで、お願いした次の瞬間にはもう、「どうしよう、どうしよう、どうしよう！」と聞く耳をもたないでいると、答えはもらえません。「答えをください。本当に答えをください。助けてください。この痛みはリアルではありませんよね？　それを教えてください」というふうに、それがわかるまでお願いし続ければ、必ず答えが返ってくるのがわかります。あるいは、お願いしたら、お願いしたことを忘れずにいることです。お願いし続ける、あるいは、お願いしたことを忘れずにいると、「自分はもう頼んだのだから、この痛みはリアルではないことを自分は経験する」ことがわかってきます。

今、わたしたちが直面している現実からすれば、大惨事が起きた、放射能が漏れて広がっている、これからどうなるんだ、とエゴが不安や心配をふくらませて、不安や心配を「ほら！　現実だ」と見せつけるドラマをスタートさせていますから、「これがリアルではないことをわからせてください」と、ホーリースピリットにお願いしたいですね。「スピリットで見えているはずの本当のことを、わたしが見られるように助けてください」という祈りが必要なのです。悪夢のドラマを続ける代わりに、ここで立ち上がる力をつかみ、奇跡の夢を始めなければならないと思います。そのような機会として、静かな心でホーリース

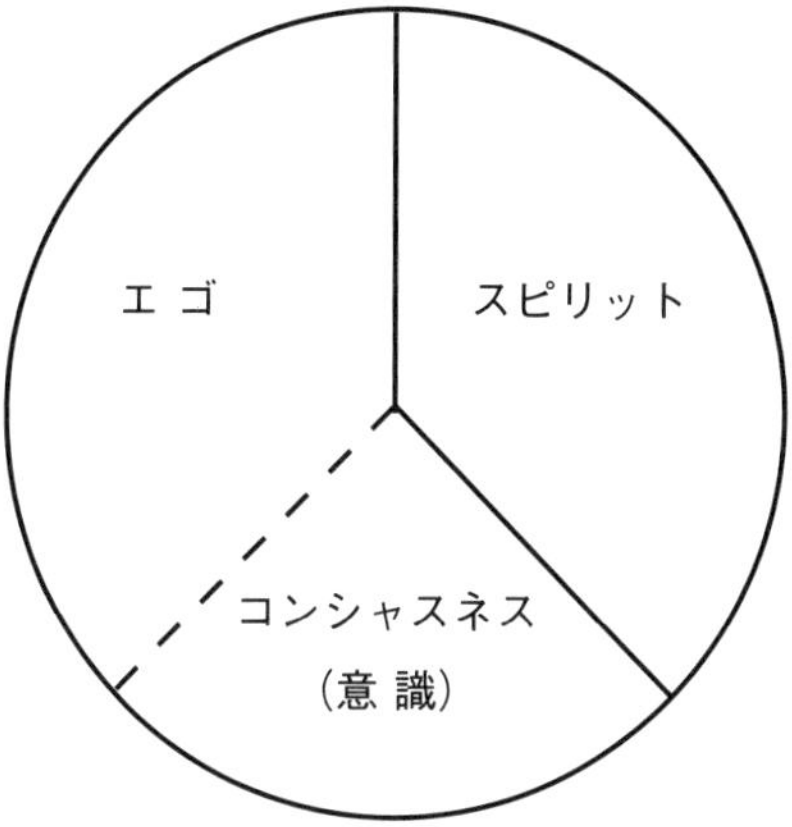

意識が、エゴに行くか、スピリットに行くかを決める。
スピリットに行くときは、つねにホーリースピリットにお願いする。
ホーリースピリットにお願いしたら、必ず答えてくれるので、待つ。

ケネス・ワプニックが作成した図
図4

ピリットを感じたいですね。

質問者1　言葉にする必要はありますか?

いいえ、言葉にしなくても、心の中でお願いすれば大丈夫です。そうすると、何が起こるかというと、スピリット側でものが見えてきます。お願いしているということは、「わたしはスピリットにつながりたいです」と言っているわけですから、このような気持ちでスピリットに目が行っていると、コンシャスネスのスピリット側で、ものが見えてくるのですね。

スピリットで見たからといって、急に、レッスン14にあるように、「あの恐怖は神の創造したものではありません」というふうにはならないと思いますが、人生のステージの上にわたしたちはたくさんの奇跡を見ることになります。

「結果」の自分、「原因」の自分

スピリットの思考体系にいるというのは、たとえば大地震が起きたというとき、自分が直面している「事態」が、原因と結果でいえば、原因になることです。この「事態」という原因をもっているわたしたち、この「事態」という「道具」をもっているわたしたちが、この道具を使って、自分たちが本当は夢見る者、スピリットであるという体験を、きちんとしなくてはいけません。

「原因」と「結果」の図でご説明しましょう。【図5・33頁参照】

わたしたちは「原因」となるドラマをたくさんつくってきました。その「結果」、このような恐ろしい出来事が起きてしまいました。こう表現するとき、わたしたちは「結果」にいます。自分が自分の身体を乱暴に扱ってきたその結果、怪我をしたり具合が悪くなったりする。今まで怠けてきたつけが回って、今苦しんでいる。そういうふうにわたしたちは自分たちをつねに過去の結果として見ています。「地震が起こった。放射能が怖い。どうしよう」と、過去の結果として今の自分を見ているわけですね。

こういうものの見方をするとき、自分というのは過去でできている存在になっています。

過去がなければ自分は存在しないということを自分でつくり上げてしまっています。だから過去が大事になります。どんなに過去がひどくても、ひどい過去の結果として今の自分がどんなにひどくても、自分は過去でできているので、過去は大事なんです。それに、過去はひどいだけではありませんしね。栄光や歓喜、うっとりする甘い時間もあったでしょうし、そこにスピリットの喜びや愛が姿を現しても、エゴとスピリットの区別をつけるように心が訓練されていませんから、全部ひっくるめて、過去は宝物になるのです。だから、この過去を引きずって、未来も続いていきます。エゴの思考体系の人生というのは、そのような人生です。

でも、スピリットの思考体系にいると、夢見る者としての自分は、つねに「原因」にいると見ることができます。今、自分がいる。痛みを感じている自分がいる。悲しみを感じている自分がいる。恐ろしい思いをしている自分がいる。「原因」にいる自分は、この悲しみ、痛みというものを使って、何を見たいのかを決めることができます。

このように、スピリットの思考体系にいるということは、「結果」の側ではなくて、自分をつねに「原因」の側に置くことです。

「原因」の側に自分を置いていると、痛み、悲しみ、苦しみといった今もっている体験は全部道具になります。その道具を全部ホーリースピリットに捧げて、その結果、本当のこ

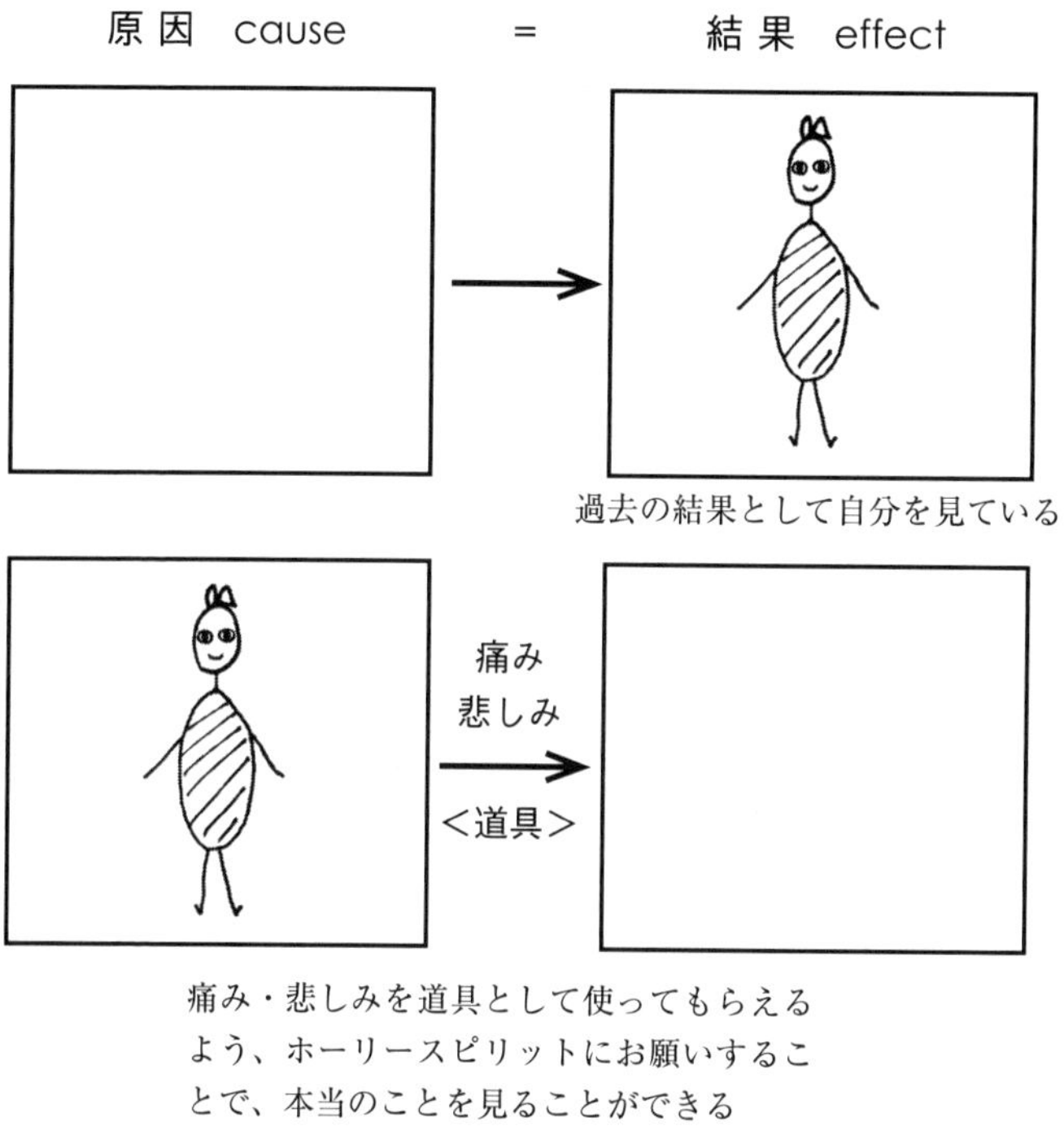
原因 cause
=
結果 effect
過去の結果として自分を見ている
痛み
悲しみ
＜道具＞
痛み・悲しみを道具として使ってもらえるよう、ホーリースピリットにお願いすることで、本当のことを見ることができる

「原因」と「結果」

図5

とを見るのです。「お願いします。これがリアルではないことを体験させてください。これがリアルではないことを見せてください」そして、その結果に本当のこと、スピリットとしての体験を見ることを「奇跡」といいます。

つまり、ホーリースピリットにお願いするというのは、今、自分がもっている痛み、悲しみ、死の悲しみ、失う悲しみ、苦しみ、そういうリアルに見えるさまざまなかたち、そのかたちに惑わされて見えなくなっている本当のことを、見せてもらうことなのですね。その体験を奇跡と呼んでいます。

これをわたしたちは今こそ、というか、今日この日、2011年3月11日の直後から本当にやらなければいけません。これを道具として奇跡を見なくてはいけません。

夢見たことを取り消してもらう

では、自分がリアルに見ている痛みや悲しみが、すべてイリュージョンだということを、すべて幻想だということを、受け入れるとはどういうことでしょうか。それは、自分がリアルに見ているもろもろを、それが自分の中の恐れの投影なのだと思い出して、その投影を「取り消す」ということです。これを英語でアンドゥ（undo）といいます。

ホーリースピリットにお願いすることは、全部、「取り消してください。取り消すことを助けてください」「この痛みは本当ではない、この悲しみは本当ではないということを、わからせてください。この痛みが取り消されたときに見えるもの、今の自分が本当に見るべきものを目撃できるように助けてください」ということになります。こんなことは本当は起こっていないのだということを受け入れていくこと、これを「ゆるし」といいます。

そして、実際に取り消していくとはどうすることかというと、「ホーリースピリットにお願いする」そして、「自分の心から何かを要求したり、反応したりするのをやめる」このふたつです。

自分が何かを要求したくなったり、何かに反応したくなったら、それを取り消すことを思い出します。これはわたしたちの心のトレーニングですね。要求したり、反応したりする代わりに、ホーリースピリットにそれを取り消してもらうことをお願いします。日常生活でこれを実行していくと、ずいぶん人生が静かになります。わたしたちがしゃべることのほとんどは要求ですし、反応ですから。

質問者2（女） それは委ねることと同じですか？

はい。つまり、要求しない、反応しないということは、自分で自分を守らなくていいということがわかっている状態です。委ねていて大丈夫、と思える心です。

反応しない代わりに何をするかというと、テイク・アクション（行動）します。「これを取り消してください」とホーリースピリットにお願いし、すべての要求、すべての反応をストップして、奇跡を見ることとです。反応しないで、ホーリースピリットが自分にさせることをすること、それがテイク・アクションです。

みなさん、ご存じのように、『奇跡のコース』のテキストは、ヘレン・シャックマンさんによって書き取りが始められました。１９６５年10月21日、「これは、ア・コース・イン・ミラクルズです。ノートを取りなさい」ヘレンさんにそういう声が聞こえました。

そういう声、自分も聞いてみたいなあ、チャネリングしてちょっと何か書いてみたいなあ、と思う方がいらっしゃるかもしれませんが、ヘレンさんがいきなり10月21日にその声を聞いて、いきなり書きはじめたわけではありませんから、誤解なさらないでくださいね。ヘレンさんにはその前からちょっとずつ、自分の中にいつもとは違う声がして、いってみれば直感を受け入れる心のドアが少しずつ開いてきていたわけです。それを彼女は抵抗しながらも受け入れていって、ある日、よどみなく流れる声として聞こえてくるようになりました。

だからわたしたちも、声が聞こえてくる、声ではないかもしれないけれど、何か直感がある、あるいはこうしてコースに出会って勉強する機会を与えられている、それをやはり大事にしていくことですね。

ヘレンさんに10月21日、その声が聞こえました。それで書き取りを始めました。けれども彼女は無神論者であって、合理的科学的に物事を解釈する職業にあって、本当に知的なポジションに就いていて、こんなことはわたしのすることではない、と、非常に抵抗なさいました。

最初のテキスト——編集する前のテキストのことですが——は、手に入れようと思えば誰でも手に入りますけれど、とくに第1章、第2章のあたりに、今の編集された本とだいぶ異なっているところがあります。「ええっ、どこが削除されているの?」とあわてなくても大丈夫ですよ。削除されているのはどういったところかというと、イエス・キリストが突然、「ヘレン、昨日のあの態度はとてもよかった」と始まったりする箇所です。それをわたしたちが読んでもなんだかわからないので、そうしたところは削除されています。それ

他にも削除されているところがいくつかあって、ケネス・ワプニック先生に、「ここが大

好きなのになぜ削除したのですか」とお伺いしたことがありました。先生は、「これはある混乱を招くおそれがあると思って削除したんだ」というふうにおっしゃいました。

どういう混乱を招くおそれのある箇所かというと、イエスが「あなた方は、愛の十字軍でなくてはいけない」というくだりです。十字軍というのは戦士、つまり戦う人ですから、けっこう強い言葉ですね。イエスは、「あなたはちゃんと行動しなくてはいけない」「ちゃんとアクションしなくてはいけない」といっているわけです。「あなたはスピリットの声を聞いて、それを受け入れて、それをアクションに移しなさい」といっています。ただし、それ以外の箇所では、『奇跡のコース』は全般にわたって、「何かをするということには意味がない。心にのみ意識を向けなさい」といっているので、そこだけアクションしろというのはちょっと混乱を招くという理由から、削除されています。

でも、わたしたちは取り消した証拠として、やはりアクションを見なくてはいけない、と、それを大事にしたいとわたしは思っています。

ここで大事なのは、アクションを起こすのではなく、アクションを見るのだということ、ホーリースピリットが自分にさせるアクションを、自分がやっているのを目撃するということです。

あらゆるチャネリングというのは、自分の中の恐怖を投影してつくったひらひら、またはもくもく、それによって視界がさえぎられていたものを、投影を、アンドゥ、取り消すことによって、見る、というアクションにほかなりません。あらゆるミラクルというのは、取り消しです。自分がリアルに体験している痛みや苦しみといった「道具」が取り消されるときに、ミラクルなのです。なぜ取り消されたときにミラクルが見えて、癒されるかというと、これが本来の自分たちの姿だからです。

つまり、エゴの思考体系というのは、過去でできた自分がいて、でも自分を徐々によくしていけば、将来いつか少しはましな自分になっていくだろう、もっとよい人生になっていくだろう、という考え方ですけれども、スピリットの思考体系は、単に自分で夢見たこと、自分で見たくもないのに夢見たことを取り消すことで、本来の自分に戻る、それだけなのですね。

取り消す最大のものは何かというと、やはり身体です。身体なくして夢は見られません。夢見る人は、身体ではありません。夢というのは、身体がいろいろやることです。身体が繰り広げているドラマを見ることが夢ですから、身体は夢の中ではいちばん大事なものです。だから、その身体が取り消されれば、夢は消えるわけです。

わたしたちは生まれていません。わたしたちが生まれたと思った赤ん坊のときから、すでに完璧にエゴは育っています。エゴというのは、だんだん育ってきたりはしません。わたしたちの脳みそがだんだん育ってこないのと同じです。脳みそが育ってきたり、身体が育ってきたり、あるいは身体が衰弱してきたり、エゴが肥大していったり、エゴが少し少なくなったり、といった、そんなことは一切ありません。

夢というものが自分の過去であるならば、わたしたちのドラマがすべて過去であるならば、わたしたちの身体というのは全部過去です。

こういうふうに説明するとわかっていただけるでしょうか。

死とは何か——。死というのは身体です。身体というのは、死の象徴です。だから「わたしたちは死にません」というと、「じゃあ身体は永遠に元気でいられますか。若々しくいられますか」というご質問が出てきそうですけれども、身体が死です。身体が死の象徴なのです。わたしたちは、身体が生の象徴だと思っていますが、反対です。身体は過去であり、過去というのは死であり、幻想です。身体が死なのです。

これについてご質問ありますか？　すっと入ってこない方はちょっと考えてみてください。

身体そのものが死です。なぜならば、身体というのは、過去を通して見るという、過去のドラマに登場する主人公だからです。

わたしたちは他人《ひと》を見るとき、その人の身体を見ます。それは、その人の過去しか見ていません。ありのままの姿をまるで見ていないのです。だから、本当の姿を見るということは、ホーリースピリットと共にビジョンを見ること以外に方法がないわけです。その練習はあとでしたいと思います。

ドラマを奇跡に塗り替える

テキストの話に戻りますけれど、テキストをお読みになって、難しいとお感じになりますか。

まずテキストを読んで難しいと感じる理由の第1に、先ほど少しお話ししたように、何々をしなさいということが一切書かれていない、ということがあります。ものを読んだり聞いたりするときに、だいたいわたしたちの自我は、「どうすればいいの?」という態度で聞きます。ですが、テキストにはどうしなさいとは書いてありません。

それから第2に、『奇跡のコース』では、比較というものが一切おこなわれていません。「これはAであって、Bではない。なぜならば」という書き方が一切されていません。わたしたちがものを考える、ものを見るときというのは、つねに比較しています。Aさんは Bさんではないから、Aさんです。そのように見ているわたしたちから比較をとったら、何がなんだかわからなくなります。

第3に、書き方が、リニアな直線の時間軸で書かれていません。だからわたしたちは1章から読んでいって、20章まで読んだ、20章までわかった、残念ながらそういうふうにはならないのですね。これもわかりにくくて投げ出したくなる理由のひとつです。

それからもうひとつ。わたしも訳しているときには、イエス・キリストはなぜこんなまわりくどい言い方をするのかしら、と、つい思ってしまったことがありましたが、こういったことは全部イエス・キリストの完璧な意識の下でなされていることです。わざとまどろっこしくしているというわけではないでしょうけれども、そこには完璧なエネルギーが注がれています。完璧な言霊《ことだま》があります。だから、それをゆっくり時間をかけて読みなさい、ゆっくり時間をかけて味わいなさい、心に受け入れなさい、ということをコースはいっているのですね。

「これを理解して、頭の中でちゃんと整理しなさい」とはコースはひと言もいっていません。ただ読んでいきなさい、そしてわからないながら受け入れていきなさい、わかるように助けてください、と、ホーリースピリットにお願いしなさい、ということです。

イエス・キリストは十字架にかけられて、被害者、犠牲者になっていったようだけれども、よみがえりました。なぜかというと、イエス・キリストは十字架に磔《はりつけ》になりながらも、その磔にした人たちに対して、怒りや悲しみや嘆きをもつことをしなかったからです。怒り、悲しみ、嘆きというものをもたないことによって、自分が被害者にならなくてもいいことを見せてくれました。

これが自分にできるかどうかをわたしたちはつねに問いかけていたいですね。どんなときにも怒り、嘆き、悲しみをもてば、自分を被害者として設定します。でもそれを拒否すれば、被害者になり得ません。それができるかどうかをつねに自分に問いたいですね。

何かの事実が、出来事が、怒りやその他の感情を喚起することはできません。すべて自分の心が選んでいます。自分が怒り悲しみ嘆きを選ぶときというのは、自分を被害者にしたいときですから、これは被害者になるべくしてなっています。自分のドラマがそういう設定になっているのです。

そのときに、このドラマを続けて、自分は被害者としてやっていくのか、それともそれを取り消して奇跡を見るのか。コースはそれをつねに問いかけています。

また、先ほど申し上げたように、コースを理解するためには、物事を比較で見るのではなくて、物事の本質を見ることを学んでいかなくてはなりません。

特別性――スペシャルネス（specialness）――という言葉もコースにはよく出てきますが、わたしたちは、A、B、C、D、Eという人々、あるいは事柄を、目の前で展開される自分たちのドラマに置きます。そしてA、B、C、D、Eとネーミングします。名づけることによって、じつはその人の本質を隠してしまっています。

この人がAさんであるのはなぜかというと、Bさんと違うからです。Cさんとも違うし、Dさんとも違うからAさんです。違いを見分けるために、わたしたちはすべての物事に名前をつけます。名前をつけて、そこにそれぞれの特徴をつけて、そして自分に役立つものから利用していきます。【図6参照】

Aさんはわたしにとって大事な人、大事な旦那さま。これはAさんという特別性をAさんにくっつけて、大事な旦那さま、元気でいてね、健康でいてね、ちゃんと稼いでね、と利用しているわけです。これがわたしたちの見方です。

Aさん、Bさん、Cさん、Dさん、Eさんは、全員がステージに乗っていて、その中に自分がいると思っています。この夢の中の自分は、Aさんのそばにいよう、Eさんからはできるだけ離れていよう、とやっているわけです。

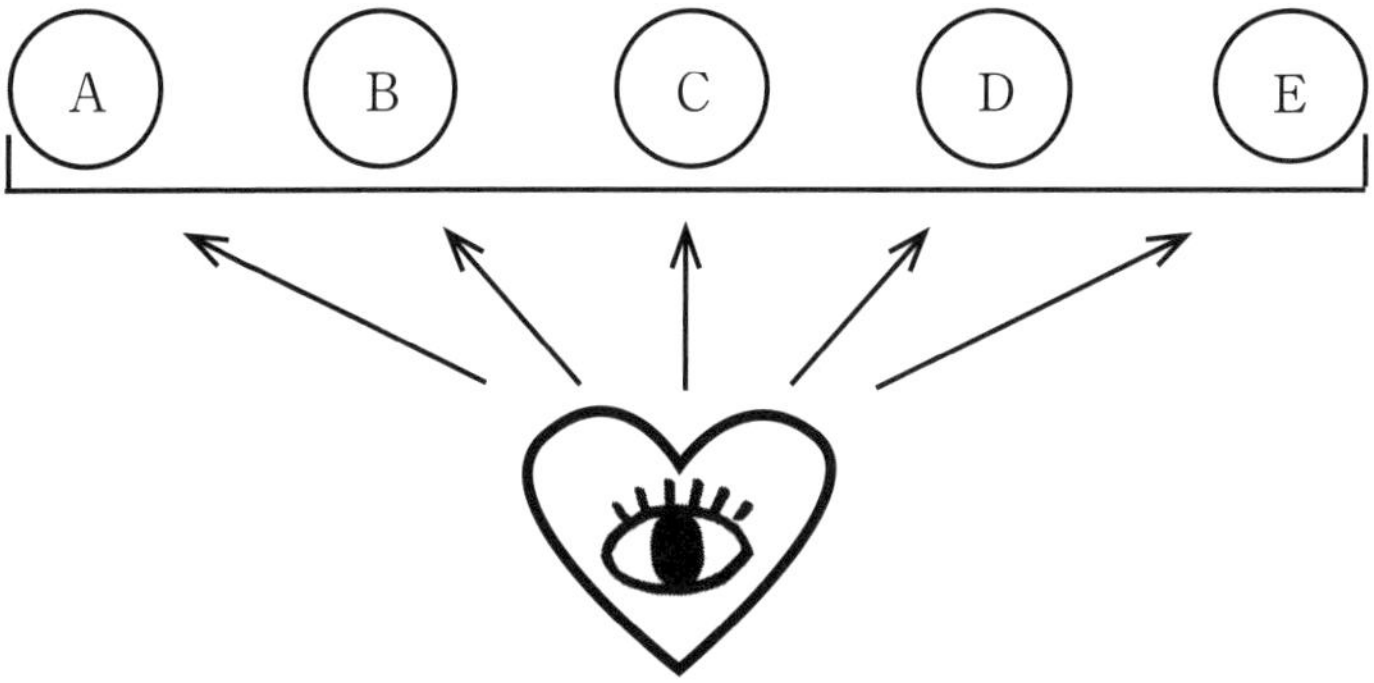

エゴは、すべてに名前をつけて、そこに特徴をつけ、自分に役立つものから選んでいる。

ホーリースピリットにお願いしてスピリットに戻るとき、A、B、C、D、Eにくっつけていたものすべてを使って、ホーリースピリットは奇跡を見せてくれる。

スペシャルネス

図6

コースがいっているのは何かというと、このステージを見ているわたしが、わたしという本質、わたしという神、わたしという愛をステージの上に見るために、A、B、C、D、Eと名づけたものを見ないようにする、名づけたものを見るのではなくて、このすべてをつくっているこの空間を取り消す、このすべての夢を取り消すことによって、結果として、ミラクルをこのステージ上に転化しなくてはいけない、ということをいっています。

そうすると、今までくっつけていたAさん、Bさん、Cさん、Dさん、Eさんの特徴は崩れて壊れます。壊れてどうなるかというと、壊れてなくなるのではなくて、Aさん、Bさん、Cさん、Dさん、Eさんにくっつけていたたくさんの「道具」を、ホーリースピリットが全部奇跡のために使ってくれます。Aさんのだらしなさ、Bさんの短気なところといった「道具」、自分がもっている痛み、嘆き、悲しみと同じ「道具」を使って、奇跡を見せてくれるのです。

何ひとつ、無駄になるものはありません。個々人にくっつけているすべての特別性を、全部、ホーリースピリットに捧げるだけ、あるいは委ねるだけです。

質問者3（女） 友人にご主人がけっこうたいへんな人がいるのですけど、そういう場合はどうわかりにくいところがある方、いらっしゃいますか。

いうふうに見ればいいのでしょうか。

お名前を何ておっしゃいますか？　Yさん？　Yさんはステージの外にいて、ステージを見ていますね。お友達はステージの上にいて、お友達のご主人もステージの上にいます。Yさんのスピリットはステージの外にいますが、Yさんの意識は今はまだステージの上にいるかもしれません。

お友達が、ご自分の旦那さんがアルコール依存症であることに悩んでいます。「たいへんねえ。どうしたらご主人は変わることができるだろうか。自分はお友達として助けてあげたい」という思いで、Yさんはお友達と一緒にご主人をごらんになっています。ここでのYさんは、ステージの上にいて、このドラマを展開しようとしていますね。

でも今、Yさんがすることは、このドラマを完璧に奇跡に塗り替えることです。それにはまず、Yさんがステージから降りて、ステージの外に出なくてはなりません。そして、ハートのところで、このドラマをつくったのは自分だということに気づかなくてはいけません。

自分なんです。他人《ひと》の話でも自分のことです。自分がなぜわざわざこのドラマをつくっているのかというと、Yさんにとってどうしてもアルコールの問題が必要だったわけではないかもしれませんが、でもステージの外で、自分の気づきのために、この問題を見なくてはなりません。だから、これは自分がつくったドラマだということにまず気づく必要があるわけです。そしてステージから降りて、ステージの外のハートのところに出られるように、ステージの外のハートのところから、ステージの上の本当の姿をすべて見られるように、ホーリースピリットにお願いします。

ステージの上にいるときには、Yさんはお友達を犠牲者だと思っています。お友達のご主人を加害者だと思っています。でもよく考えると、アルコール依存症になったご主人も、何らかの犠牲者だったりします。そして、その相談を受けている自分も何らかの犠牲者だったりします。

つまり、ステージの上にいるときというのは、全員が自分を被害者・加害者の両方に仕立て上げているわけです。なぜならば、このドラマには必ず被害者・加害者が必要だからで、必ずそのどちらかに自分の役割をもってくるからです。ここでは、お友達もご主人も自分も、本当の自分たちではありません。役割を押しつけられて演じているだけです。

だからYさんは、「ステージの外に出て、スピリットで、本当の姿を見せてください」とお願いするのですね。お友達とそのご主人は、被害者でもなく加害者でもなく、完璧な「GOD IS.（神、在り）」の一部ですから、「その本当の光、本当の強さを見せてください」

とホーリースピリットにお願いするわけです。

質問者3　自分が変わると、彼らも変わるんですね。まず、自分が変わるということですね。

そうです。それで今、「自分が変われば彼らも変わりますね」とおっしゃいました。わたしたちはそういうふうに考えがちですね。そうすると、自分で一生懸命ワークをやって、「さあ、あの人、変わったかな。ちょっと電話してみよう」となります。そうではなくて、自分の心がステージの外のスピリットに戻れば、それで全部ＯＫです。

質問者3　そちらに戻れば穏やかだから、たとえば彼らがどうあろうといいわけですね。

はい。彼らがどうあろうといい、ということになると、彼らはこのドラマを演じるのをやめます。

質問者3　そうですか。そうですよね。

そうなんです。「自分が変わればこの人たち変わりますね」という思考は、まだステージの上にいる思考ですね。

質問者3　まだいるんですね。

ステージの外のスピリットにいれば、こんなドラマは必要ないのだから、それはあり得ないことなんです。

質問者3　たとえば、「ああ、まだドラマができているのね」と、そう思えばいいですか。

はい。自分が彼らにドラマを演じさせていたなあ、そして自分はもうドラマを演じる必要がないのだと思えばいいですね。

病気についても同じです。ステージの上に病気の自分がいる。そしてこの病気は自分に不安と苦しみと痛みをもたらしている。そのときに、「ああ、わたしはステージの上で演じているな。だからわたしはスピリットに戻ろう」と思う。戻って、「もうこんなドラマを演じなくていいのよ」ということを言ってあげればいいわけですね。「それを見せてく

ご愛読者カード

ご購読ありがとうございました。このカードは今後の参考にさせていただきたいと思いますので、お手数ですがご記入のうえお送りくださるようお願いいたします。

★メールマガジン「ナチュラルスピリット・ニュース」（無料）を発行しています。小社のホームページ www.naturalspirit.co.jp よりご登録いただけます。最新の情報を配信しています。

●お買い上げいただいた本のタイトル

●この本をどこでお知りになりましたか。

1．書店で見て
2．知人の紹介
3．新聞・雑誌広告で見て
4．DM
5．その他（　　　　　　　）

●ご購読の動機

●この本をお読みになってのご感想をお聞かせください。

●今後どのような本の出版を希望されますか？

購入申込書

本と郵便振替用紙をお送りしますので到着しだいお振込みください（送料をご負担いただきます）

書　籍　名	冊数
	冊
	冊

郵便はがき

恐縮ですが
切手をお貼り
ください

1 0 4 - 0 0 6 1

東京都中央区銀座2−12−3
ライトビル8F

株式会社 ナチュラルスピリット

愛読者カード係 行

フリガナ		性別
お名前		男 ・ 女

年齢	歳	ご職業	
ご住所	〒		
電話			
FAX			
E-mail			
お買上書店	都道府県	市区郡	書店

ださい」と、ホーリースピリットにお願いするだけでいいんです。

そのときに、心がスピリットに戻っても、つまりアンドゥしても、ゆるしをおこなっても、まだ痛みが見えることがあったとしても、あわてないことです。そのとき見える痛みは、ただの過去の残像です。ただの影です。過去の影だということがわかっていれば、残像は消えていきます。よろしいでしょうか?

質問者3　はい。ありがとうございました。

ありがとうございます。

ホーリースピリットの役割

質問者4（男）　今までのお話の中で聞いてみたいことがあります。たぶんひとつのことを聞いているとは思いますけど、3つほどあります。

まず1点が、ホーリースピリットにお願いして、ステージの上から脱出するのが大事だということですけれども、なぜ神さまに直接お願いせずに、ホーリースピリットにお願いするのでしょうか。ホーリースピリットと神さまとの違いがちょっとよくわかりません。

もうひとつは、さっき丸印に英語のYを逆さまに描いた図【図4・29頁】がありましたが、ぼくなんかはふだん生活していまして、一番下の「意識」と「エゴ」の部分にいることがほとんどだと思います。たとえば起きて、ご飯食べて、テレビ見て、電車に乗って、途中でいやな上司のことを思い出したり。そういうのはほとんどエゴの部分だと思うのですけど、今後、本質の部分のほうに行きたいとすれば、ふだんの生活で祈り続けるということは、いつも祈っている必要があるのでしょうか。

もうひとつは、丸印の図の本質の部分、つまりスピリットに居続けることはできるのでしょうか。スピリットでいたときに、そこには神さまでありながら、自分という個別意識があるのか、ということです。神さまの視点、本質の意識にいて、そこに自分というのが感じられるのか、というそのことです。

まとめると、ホーリースピリットと神がなぜあるのか。2点目、つねに祈り続けなければいけないのか。3点目、その本質のところで個別意識はあるのか。そこに行くのは、もう慣れてくれれば、居続けることができるのか。

はい。ありがとうございます。

まず神さまには、わたしたちのエゴの声は聞こえません。わたしたちが「助けてください」という、その状況は存在していませんから、神さまには聞こえません。光しかないんです。「すみません。わたしはエゴにいます」と言っても、エゴなんていうものは存在していないんです。神しかいません。

でも、ホーリースピリットは神を理解しながら、わたしたちのエゴを理解してくれています。だからホーリースピリットというのはすばらしい存在なのですね。しかもホーリースピリットはわたしたちひとりひとりの、そのときどきの能力や状況を全部理解して、そのときにいちばん適切なものを出してきてくださいます。つまり、あなたが言っていることとは本当はこれですよ、という光を見せてくれます。神の光は、光しかありません。でもわたしたちはそれを見ていないので、わかりやすく通訳してくれるのが、ホーリースピリットです。

質問者4　神さまにはエゴというものがないから、「助けてください」という状況自体が存在しないのですか?

はい。存在しません。

質問者4　エゴと神さまの両方をわかっている人に、その仲立ちを頼まなくてはならない……。

そうです、そうなんです。

質問者4　じゃあ、神さまよりホーリースピリットのほうがすごいのかな、と。

〈会場　笑い〉

すごいというよりも、神さまという人がどこかにいらっしゃるわけではなくて、わたしたちの「本当の現実」を神と呼んでいるわけです。それに気づくための橋渡しの声が必要なんですね。ホーリースピリットは、神の声を聞きます。そしてそれを伝えてくれます。それから、ホーリースピリットは、わたしたちのスピリットの声を神に届けてくれます。わたしたちがホーリースピリットを必要とするのは、それほどエゴに洗脳されているから、といえるかもしれませんね。

質問者4　愛や調和や、すべて完璧な存在というのが神さまであって。

そうです、そうです。

質問者4　それしかないから、つくり出したエゴというのは、そもそもないということですね。

はい、エゴは存在していません。

質問者4　だからそれを橋渡しするのは、神さまではなく、エゴでもなく、その間の人でなくてはだめということですね。

はい。両方をわかってくれている存在が必要ということです。

質問者4　はい！　わかりました！　ありがとうございました。

ありがとうございます。

心の平和が世界を支えている

それから祈り続けることについてのご質問ですけれど、これに関してはいちばんいい答えが『奇跡のコース』にずばり書かれているので、そこからお話ししますね。

まず朝起きたら、わたしたちはすぐにいろいろなくだらないことを考えます。1日に6万個のことを考えると、ディーパック・チョプラ先生がおっしゃっていました。わたしたちは6万個の思いをもち、その6万個のほとんどが毎日同じ思いの繰り返しです。起きたとたん、あーまだ眠い、喉が渇いた、おしっこ行きたい、そういうことを思っています。ホーリースピリットとつながる思いというのはほとんど皆無です。朝起きてからずーっと、反応しながら朝の時間が終わり、昼が過ぎ、つかの間の夕刻があって「あっ」という間に夜です。アクションがありません。暑い、寒い、お腹がすいた、急がなくては、シャワー浴びなくちゃ、という具合に、反応しながら生きていて、そうやって1日が過ぎてしまいます。ですので、コースはこのように勧めています。

まず朝起きたら、ホーリースピリットとつながりなさい。そして、「あなたの目的をわたしが果たせるように助けてください」とお願いしなさい。そうすれば、ホーリースピリットが、今日の自分の状況を、すべての材料を使って奇跡を見せてくれますから、それに心を合わせて1日を始めなさい。そういっています。つまり、自分の目的ではなくて、「あなたの目的を果たせる1日にするように助けてください」と、朝起きたらまずお願いするのですね。

わたしたちは毎日、反応しながら自分の目的に突っ走っていきます。今日はこれとこれとこれをやるんだ、と、「やることリスト」を作って、全部チェックして、全部やり遂げるんだ、というふうに、いわゆる自分の目標を作っています。

自分の目標というのは、エゴはそれが自分のベストだと信じているわけですけれども、本当はそうではありません。エゴがただそう思い込んでいるだけです。これをやれば自分はちょっとよくなるかもしれない、あの問題は解決されるに違いない、まるくおさまるに違いない。つまり目先のことのつじつまを合わせていくことで1日が費やされていくわけです。

コースでは、わたしが目先の目標に勝手に目を奪われて本当の奇跡を見過ごすことのないように、「あなたの目的を、わたしを通して果たせるように助けてください」とお願いするように勧めています。

まず朝いちばんにお願いするのが、時間の節約です。そして、いったんお願いしたら、お願いしたことを信じることです。お願いしたら、ホーリースピリットは必ず聞いてくれますから、もう安全です。その日1日、安全です。

「ああ！　今日はお願いしたから、1日大丈夫なんだ」と思って出かけていきますね。だいたい昼を待たず〝ぎゃふん！〟と思うことが起きるかと思います。「あれ？　ホーリースピリットにお願いしたのに、こんな目に遭っている」とすぐに文句をつけようとする自分がいます。そのときには、こう思ってください。「今、ホーリースピリットが自分の1日を進めてくださっているのに、わたしは自分の痛みや怒りや悲しみや嘆きを見ている。これは自分が何か、間違っているに違いない」

ここで、ホーリースピリットは間違っていた、神はうそつきだ、とあわてて決めつけるのではなく、自分の心が間違っているに違いない、ホーリースピリットに頼んだにもかかわらず、何か別のほうに突っ走っている自分がいるに違いない、と思い直します。そしてホーリースピリットに、「自分が違っていたら正したいです。助けてください」と、もう1回言います。

これは本当にすばらしいことです。何かよくないことが起きたら、自分の心が間違っているのであって、神が間違っているのではない、と知ることは、すごいことではないですか？　自分は正しい、こんなにがんばっている、なのになぜ自分はこんなに認められない、愛されない、誤解される、なぜこんな目に遭うんだ、と思って生きているよりも、こんな思いをもっているのは自分の心がちょっとずれたからなんだ、というふうに思えることは幸せですよね。なぜかといえば、自分の心を変えればいいだけのことですから。

もし、本当に自分が正しくて、それでもそんな目に遭う人生だったら、それはたしかに生きている価値はないと思います。こんな世の中で生きている価値がないと嘆く子どもたちがいるのは、わたしたち大人もそう思っているからです。そうではないことを見せられるのです。そうではないことを、自分で確かめられるのです。そうすると、その1日に奇跡がいっぱいになります。

ニューヨークのＣＲＳ（ヒーリング＆アート・センター）のわたしのクラスで、ビジネスマンがすてきな経験を話してくださいました。彼は休日出勤してオフィスに行ってみると、鍵を持っていないことに気がついたそうです。オフィスのドアが開けられなくて、「鍵、落としちゃったかな。まずいな。あの鍵束には、あの鍵もこの鍵もあるのに」という思いに行きそうになるのを、「いや、平和を保とう」と、本当に心に平和を保って、家に帰りました。すると、キッチン・カウンターの上に鍵束があって、彼はそれを持って再びオフィスに出かけました。その方は、その往復を本当にピースフルな心で成し遂げました。ちょっとしたことですけれども、これは意識しなければできないことです。

首都圏在住のみなさん、地震のあと交通機関が止まってしまって、徒歩で何時間もかけて帰宅なさったでしょう。どんな思いでお帰りになりましたか？　舌打ちをしたり、心配をしたり、携帯電話がないとひとりぼっちだと感じたり、呆然としたり、あれやこれやの思いを繰り返しながらお帰りになったのではありませんでしたか？　こういうときに、どれだけ自分が自分の心を安定して保てるか、どれだけスピリットで見られるか、そして自分がどんな思いで家に帰り着くかということが、今、日本中で繰り広げられているこのドラマに、どれほど大きな影響を与えるかということを、お考えになってみてください。自分はこの悲劇に加担しているのか、それとも、光を投げかけているホーリースピリットの、神の光を見ることによって、その光を本当だねと言い合うものにしようとしているかどうか、ということをご自分に問いかける必要がありますね。

レッスン92に「光とは力です。光とは強さのことです」というものがあります。これは五感でとらえるとちょっと難しいですね。光というのは目に見えるもの、視覚に訴えるものですが、力というのは、視覚には見えないもので、だから光と力は、別々のもののようにわたしたちは考えています。これもわたしたちの混乱の原因のひとつです。

光というのは強さです。だから、わたしたちの強さというのは、光を見ることであるし、光を見ることで、力を人生のステージに上げることができるのです。それをしないといけませんね。できるところからテイク・アクションしていきましょう。

他にご質問のある方、いらっしゃいますか？

スピリットで存在するようになったら、日常はどう変わる？

質問者5（女） 今の質問の中で浮かんだ疑問ですが、エゴのまっただ中にいて、神さまが見えない、神さまとつながれないというふうに考えたときに、では、努力をして、ホーリースピリットにお願いして、そのステージから出たこっち側から見ている自分になれたときの状態というのは、何ですか。その自分は何ですか。

それが自分ですね。

質問者5　それが本当の自分だとしたら、その本当の自分になれば、神さまとつながっていられるのですか?

本当の自分というのは、もう神の一部です。

ステージの外のスピリットにいるということは、心ここにあらずで、身体の上のほうにふわふわといるのとは違います。それは一見、ステージの上にいるように見えながら、心がステージの上にはいないということです。

わたしたちは、スピリットに行ったら、死である身体を離れてしまう、五感とも無縁になる、おいしいものを食べられない、そういうふうに思いがちですが、そうではありません。だからといって、ステージから降りてもおいしいものは食べられますよ、安心してください、ということでもありません。

わたしたちはいつも五感で物事をとらえてしまいますが、でも、とらえることが全部自分でつくり出した夢だとわかっていると、五感でとらえるものを自由自在に自分でつくり上げることができるのですね。

質問者5　自由自在につくり上げると、どうなるのでしょうか？

光が見えるし、喜びが見えます。

たとえば、今こうしてわたしたちが集まっています。自我は、今日このことを勉強したい、何がわかるのだろう、自分にわかるだろうか、聞く価値のある話なのだろうか、云々と、いろいろなことを思うかもしれませんが、今起こっていることは、そんなことではないのですね。わたしたちが今ここでご一緒に体験していることは、全然別なことです。その別なこととは何かというと、ひと言でいえば、わたしたちのスピリットが共にホーリースピリットのほうに向いて、一緒にうなずき合えることを喜び合っています。その力を感じています。ですが、エゴがその力を感じるかどうかは別です。

質問者5　よく反芻したいと思います。

はい。ありがとうございます。

質問者6（女）　前の方の3つの質問のひとつだと思いますが、先ほど先生が、愛は神、すべて神だと言ったときに、わたしは「父なる神」という言葉にとらわれてしまいました。というのも、わたしはカトリックで育っているものですから、どうしてもそこに人格化した神というものを拭い去れないんですね。

今、あ、そうなんだ、そうなんだ、と納得してはいるのですけれども、すぐに「父なる神」がぱーんっと浮かんできて、そこになにか「父」という存在を感じて、どこか抵抗しつつあります。

人格化ということにたぶん抵抗しているのか、わたしが過去にカトリックというところでずーっと育ってきた「父と子と聖霊の御名《みな》によって」ということにとらわれているかはわからないのですが、それを教えていただければ。

父って……いやですか?

質問者6　そう……。いや……。

先ほど、わたしたちは「**GOD IS.**」の一部であって、神の一部であるという言い方をしました。図1**【15頁】**でいうと、あなたがこの四角の中にいて、その四角の至るところに父がいて、あなたは父の子どもですよ、という表現をしました。父と子は、同じですね。ただ、父と子というふうに表現したほうが正確だと思います。なぜかというと、わたしたちが神をつくったわけではないからです。わたしたちは神を生んでいません。その意味で、わたしたちは神の一部であるけれども、神の子どもでもあります。

だから、光と強さが違うと感じるように、父なる神と、神というのも、別のものとして感じられているのかもしれませんね。

どうですか？　父なる神で受け入れられると思いますか？

質問者6　はい。

質問者7（女）　イエス・キリストがホーリースピリットと思えばいいのでしょうか？

はい。イエス・キリストをホーリースピリットと思っていていいと思います。そして、イエス・キリストは「わたしは、あなたです」といっています。イエスもあなたも、ホーリースピリットが姿を現した存在です。テキストにはホーリースピリットの顕現と書かれています。

質問者7　わかりました。ありがとうございます。

質問者8（女）　最初のほうに、原因と結果というふうにとらえるのはすべてイリュージョン、幻想というお話があったと思うのですけど、その後のお話では、朝の祈りで、「ホーリースピリットの目的を、自分を通して果たせますように」とお願いしたあとに、もしもぎゃふんというようなことが起こった場合には、自分の考えが正しくない、何かがあるのだととらえて、もう1回お願いし直す、というのがありました。そのふたつのお話にちょっと矛盾を感じてしまったのですが。

実在するものはただひとつですから、原因は神ですね。原因はつねに神、つねに愛です。ですから、結果も同じで、つねに愛、つねに神です。そして原因と結果というのは同じですから、原因があって、つねに結果が続いているということになります。【図7参照】

わたしたちがホーリースピリットにお願いするときというのは、本当の原因と結果から離れてしまっています。なぜなら、結果、愛ではないじゃない。結果、GODではないじゃない。わたしが今見ているのは痛みじゃないの、となってしまっているからです。

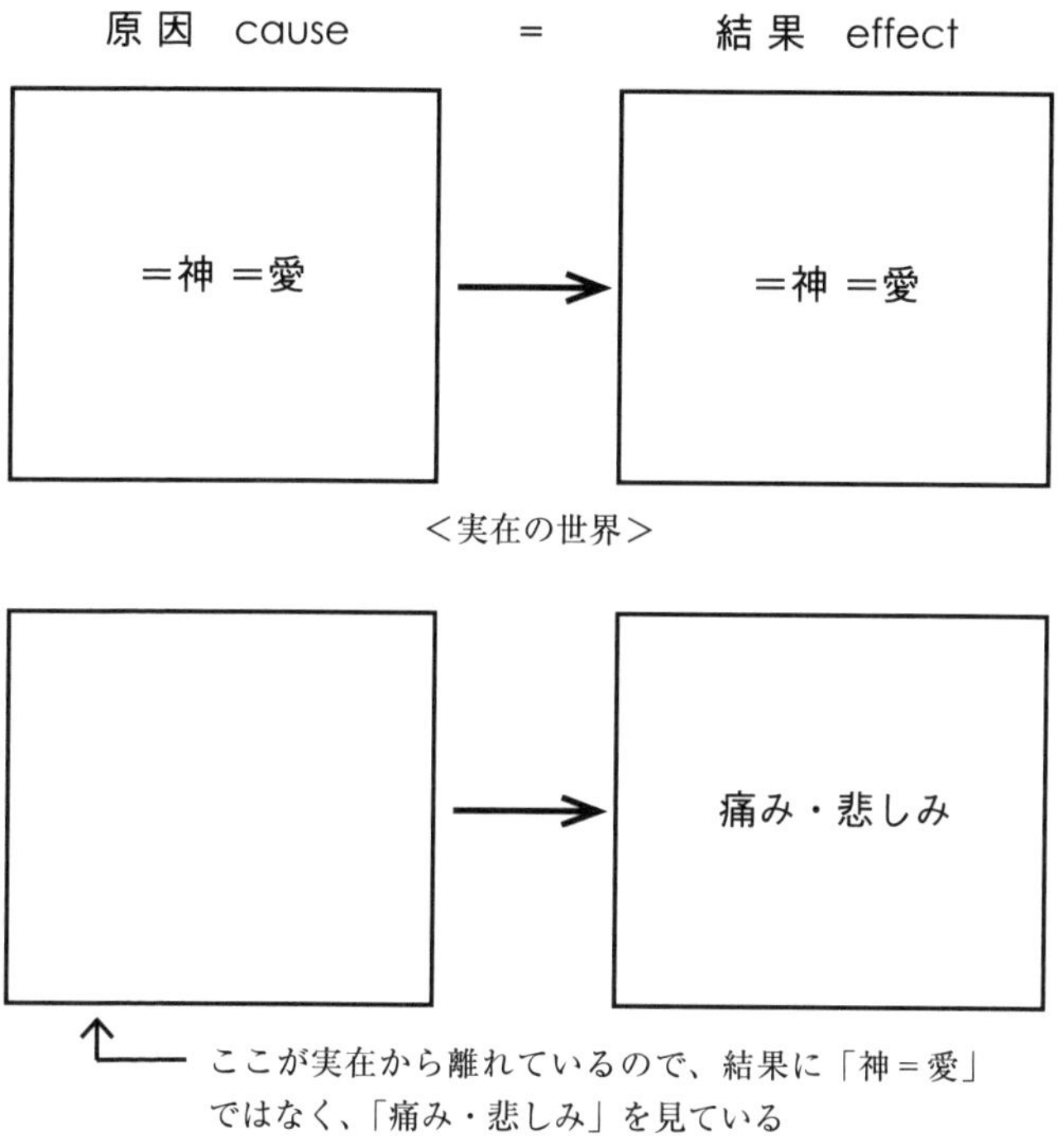

「原因＝神＝愛＝結果」である実在の世界

図7

このときわたしたちは「原因＝神＝愛」である実在の世界から、心が完璧に離れてしまっています。離れて痛みを見ています。これを正すためには、実在の世界に戻ればいいのですが、戻るときは、神の代わりに痛みを、愛の代わりに痛みを見ているわけですから、『実在から離れている自分』を『実在の世界』につないで戻してください」とホーリースピリットにお願いする必要があります。お願いすれば、「実在の世界」に時間のギャップはありませんから、ただちに神と愛の世界がやってきます。やってきたのに、もし再び痛みを見ていたら、頼んでおきながら自ら実在の世界から離れてしまったことになります。そこで、あらためてお願いします。実在から離れた自分が「原因」に戻るのです。神またはホーリースピリットに文句を言う代わりに、「心を正す」「取り消す」「ゆるす」ことを選んで、愛の結果を目撃するということです。

質問者8　どうもありがとうございました。

質問者4（男）　先ほどはありがとうございました。さっき聞いた3つ目がよくわからないので、もう1回お尋ねします。

「GOD IS.」の大きな枠組みの中に、自分を小さいと感じる「神と離れたエゴのわたし」

がいます、だからスピリットに立ち返るのが重要です、スピリットのまわりにはひらひらのエゴがあって意味があります、というお話ですけれども、ひらひらに囲まれたその真ん中のスピリットには、わたしという意識はあるのでしょうか。

ふだん、ぼくの場合、エゴのわたしがあれこれ考えているのですけれども、本質の自分というところで、わたしという個別的な意識というのがありながら、全体とひとつ、すなわち愛で存在することがつねにできるのかということです。それともお願いしたときだけ帰ってこられるのでしょうか。それをお尋ねしたいのですけれども。

最後のご質問からお答えしますと、お願いしているときだけいられると思います。お願いしているときだけいられるというのは、つねに心の中でぶつぶつぶやき続けるということではなくて、つねにそうしてお願いしているという自分、そのように見たいと思っている自分を自覚することが大事だと思います。そして自覚しているかぎり、この地上で身体を見ながら、つまりドラマを目のあたりにしながら、天国を体験するのは不可能ではない、だから体験しなさい、とテキストではいっていると思います。

それはどういうことかといいますと、道を歩くときには車にはねられないように気をつけ、道路を渡るときにはちゃんと信号を守って渡り、というごく普通の日常を生きながら、自分はステージの上にはいないということに目覚めていることは可能です。それは今すぐ可能ですから、今すぐおやりになるのがいいと思います。

本当の自分になれるのはいつ？

質問者４　では、コースにはレッスンが３６５もありますが、それをやっていけば、本当の自分でいることが無意識にできるのでしょうか。いつになったらそういう状態になるのでしょうか。

それは無理だと思いますね。無理というのは、レッスンをやればそうなるのか、という、その考え方が、もう無理ですね。というのは、レッスンはそういうものではないからです。今、自分が、本当の自分を見ようとするかどうかです。だんだん見られるようになるのではなくて、今、本当にそれを受け入れるかどうかです。そして、受け入れたら、それはすぐに起こります。受け入れるまでの時間があるだけです。

質問者4　極端にいえば、レッスン1個だけを本当にそう思えたら、そうなれるということでしょうか？

レッスンしなくてもそれはできるでしょうし、1個だけでもできるでしょう。でも、そのようにできる心は、できたからもうレッスンしなくていいや、と思うでしょうか。もう自分はできたから、レッスンなんかしなくて他に時間を使える、よかったです、となるでしょうか。そのようにできた心は、逆に、喜んでレッスンをして、その学びを分かち合うのではありませんか？

1度癒されたものは2度癒される必要はありません。1回、分かち合ったことを、繰り返しやる必要はないわけです。「100回くらいやればいいのでしょうか」そんなことはありません。

では、なぜわたしたちは繰り返しやるのかといえば、癒されているという喜びを分かち合うためです。ヒーリング・ワークというのは、本当にすばらしくて、本当に喜びです。ヒーリングというのは、病気があり、痛みや悲しみがあり、嘆きがあるから、しょうがない、治そう、と思ってやっているわけではありません。もう癒されているね、そんなものないね、ということを、分かち合うこと、確認し合うこと、喜び合うこと、これがうれしくてわたしたちはやっています。

人生のドラマもそのように変えていけばいいわけですね。嘆き悲しみを見るドラマではなく、そうではなかったね、というのを分かち合うことを人生にしていきます。病気になって、人生たいへんだということを、みんなで手を取り合って嘆く代わりに、違ったね、奇跡だね、と一緒に手を取り合うことがステージに展開されるドラマにすればいいのです。

その幸せのドラマをつくるには、自分がそのドラマの人物ではないことに目覚めている必要があります。ステージの上で繰り広げられているこれは、何でもない、これは幻想だ、これは実在していない、これはただ自分の心をこうしてさまざまなかたちで見ているだけだ、ということがわかると、ハッピーな夢を見ることが自在に自分で選べるんだな、ということがわかります。

勘違いしやすいところですが、自在に自分で選べることを受け入れるということは、じゃあもう金欠という状態はいやだな、もう歯医者に行かなくていいや、と、そういうふうに思うことではありません。歯医者に行ったって、金欠だっていいわけです。自在にそれを幸せな夢にできるのですから、何が起こっても大丈夫なんです。

そのように自分の心を訓練できたら、あんなこともなくなるのでしょうか、こんなこともなくなるのでしょうか、と思う必要はなくなりますね。

質問者4　では、レッスンが３６５あるという意味は、心を新たに訓練し直すというよりも、喜びを、本質的なものにつながったときの喜びを分かち合うためにあると考えてよろしいのでしょうか。

……どうでしょうね。レッスンをしながら、喜びを感じていらっしゃいますか？

質問者4　まだです。

まだ、ですね。だから、これはいやだなと思う心を、いやだというふうに騒ぐけれども、難しいな、めんどくさいなと思うけれども、やろうというふうに自分の意志を定める、これもひとつの訓練だし、ああもう今日もレッスンができてうれしい、今日のレッスンはすばらしい、というふうに喜びを感じるのもひとつのレッスンです。

レッスンは、レッスンを身につけるためにあるというよりも、まず、レッスンを通じてご自分の心を観察することから始まります。そのときに感じる自分の心が、そのときの目的です。いやだなと思ったら、いやだなと思う自分の心をちゃんと受け入れて、自分はどちらを選びたいのだろう、という選択をするところからやり直す。それがその日の目的だし、もし、その日のレッスンを読んで、うわあ、これは喜びだ、今日はなんか違う気がする、と思えば、それがその日の目的です。そして、そのように「それを目的に使えるのだから、どう感じてもいいんだ」と受け入れたとたんに、毎日のレッスンが、「うわっ！　すごいな。うれしいな」というものになっていきます。

奇跡を体験していく

今日は、ガイドブックの第5巻をみなさんにお配りしています。これは5月の末に書店に並ぶものですけれど、ナチュラルスピリットさんの計らいで、まだ出ていない3巻、4巻を飛び越して、ちょっと見てみてもいいという方にお配りしていますが、もし3巻、4巻と順番にちゃんとやったほうがいいと思われる方は、5月の末まで待たれて書店でお買いになるのがいいと思います。

タイトルになっている『神の教師』というのは、ミラクル・ワーカーのことです。コースでは、コースを学ぶすべての者をミラクル・ワーカーと呼んでいます。ステージの外に出ることを受け入れた人、受け入れようとしている人は全部、神の教師で、つまりコースを学ぼうとして学んでいる人、学んだことを分かち合おうとしている人、それは全員が神の教師と呼ばれています。

ですが、『奇跡のコース』には、「しかし、神の教師であるためには、少なくともワークをひととおり終えていなくてはならない」と書いてあるところもあります。それはやはりそれだけ自分の意志を確かめてきた、そして受け入れるということをちゃんと示してきたことが、神の教師と呼ばれる理由になるのではないかと思います。

「それでも、神の教師はやはり1日を神と過ごすのに、朝、ホーリースピリットとつながり、朝、今日1日をお願いしますということをちゃんと伝える、それが必要であろう」とも書かれています。

瞑想、その他レッスンについては、「これさえしていればいいのだという、物事を儀式的に考える、あるいは何々をするという、この〝する〟という行為に価値があるというふうに思うのは間違いなので、やってさえいればという態度は、全面的に排除すべきだ」とも書いてあります。そのうえで、「でも、あなたたちには、そうはいってもまだ、枠組みが必要でしょう?」といっていますから、その枠組みのためにこのレッスンがあるというふうにとらえていいと思います。

「本当に上級の教師になった暁《あかつき》には何もいらない。なぜならば、その教師は24時間目覚めていて、何があってもそれが自分の道具だということから心が離れないので、もう何もフレームはいらないでしょう」といっています。

そして「その神の教師にとっては、日常のあらゆる出来事が全部、ホーリースピリットのギフトだということがよくわかっているので、心が揺れることはないでしょう」といっています。

また、上級の神の教師というのは、「完璧な幸福を経験している者」だともいっています。完璧な幸福を経験するというのはどういうことかというと、「心の中に正直さがあり、信頼があり、寛容さがあり、喜びがあり、開かれた心があり、そのような心の質がつねに満ちてあるということ、それが神の教師がよっている完璧な幸福である」というふうにいっています。それがコースが示す幸福の法則です。

質問者9（女） すみません、同じ質問かもしれませんが、先ほど、朝起きたらホーリースピリットとつながって、今日1日をホーリースピリットの目的を見るためにホーリースピリットにお願いすれば、もうそうなっているからそれでいいです、とおっしゃいました。お願いするだけではなくて、結局ずーっとお願いしていることを意識し続けていなければいけない、ということでしょうか。

ホーリースピリットにお願いしたら、あとはどかっとソファに座って待っている、ということではありませんね。ホーリースピリットにお願いして、お願いしたことをちゃんと覚えていて、それで1日を始めれば、今日1日どうしよう、今日1日成功するかしら、今日の会議はどうなるかしら、仕事はどうかしら、今日も上司に怒鳴られるのかしら、というふうに思う必要がまずなくなります。その心配が、かなり低くなります。

先ほどからお話ししているように、心配や怒りや悲しみが取り消されると、取り消されているぶんだけ、奇跡を見る心の余裕が出てきます。だから奇跡が見られます。

たとえば通勤途中に、すばらしい光を見るということがあります。職場でも、いつもは気がつかなかった奇跡が見られることが起きます。そのときに、ああやっぱり自分でやらないで委ねていると、このように見えてくるのだな、ということに気づいていくと、もっとそれが見えてきます。

つまり、自分で何とかしなくちゃ、自分で守らなくちゃ、自分で打ち立てていかなくては、という気持ちがあればあるほど、光から遠ざかってしまうわけです。それしか見ていないから、奇跡を目にする心の余裕がなくなるのですね。けれども、光をホーリースピリットがくださるのだとわかると、自分であれこれする気持ちが弱まって、そこに風が吹きます。そよ風が入ってきます。たくさんのさまざまな喜びが見えてきます。

そのたくさんのさまざまな喜びというのは、たとえば自分の昇進であったり、健康増進であったり、対人関係の問題の解決であったり、といったようなものに直接結びつくものではないかもしれません。とくに最初のうちは、旧友にばったり出くわしたり、そういうちょっとしたことかもしれません。でも、これが奇跡が来はじめたということなのね、これがホーリースピリットの答えなのね、ということがわかるようになってくると、自分の1日の中にどんどんそういう出来事が増えてきます。そうすると、自分で何もしなくても、すべてホーリースピリットがセッティングしてくれているのだな、と思えるようになってきます。

質問者9　ぎゃふんということが起きてしまったときというのは、やっぱり、それを忘れちゃった瞬間で、だからまた思い出せばいいということですか?

そうです。ああ、わたしは頼んでいたのにそれを忘れて、自分でやっていたな、というふうに思い直せばいいです。

質問者9　はい、わかりました。ありがとうございます。

質問者10（男）　3つ質問があります。

ひとつ目は、イエス・キリストはホーリースピリットと考えてよい、というお話がありました。天使という言葉がワークに書かれてあったと思うのですけれども、天使はホーリースピリットでしょうか。それから、守護霊という言葉がありますが、守護霊もホーリースピリットと考えていいのでしょうか。3点目は、ホーリースピリットへのお願いというのは、どのような願いでもいいのか、ということです。

聞いていると、幻想をアンドゥするというお願いはOKだと思うのですけれど、もっと低レベルな、場合によっては幻想を増すのではないかと思えるようなお願いをしてはだめなのかということです。たとえば、もっとお金持ちにしてください、日常の具体的な問題を解決してくださいといった、そういうお願いのしかたはだめなのかということをお聞きしたいです。

はい。守護霊、天使、ハイアーセルフ、いろいろな言い方がありますが、そういうのはみんなホーリースピリット、あるいは自分の内なる教師、内なる叡智、そのようにとらえていいと思います。

いろいろな言葉がある、いろいろな名前のついたホーリースピリットがいる、あるいは、自分にとって特別な守護霊がいる。それは究極的には自分のエゴの勝手な思い込みですけれども、でも、そのように思うことによって、コミュニケーションがスムーズになるなら、とてもいいですね。わたしは天使を思い浮かべると心がオープンになってコミュニケーションがしやすい、という方は天使と呼べばいいですし、大天使ガブリエルだと思うことで、それがうまく受け入れられるのであったら、それでいいです。ホーリースピリットはその人のいろいろな個性や癖や歴史、時代性、そういうものをちゃんと受け入れてくれます。いちばん自分に合ったものということでいいと思います。

それからつねに同じ存在とつながろうとしなくてもいいと思います。今日はイエスさまとお話ししたいということで、それでもいいと思います。

それからもうひとつのご質問は何でしたか？

質問者10　どのようなお願いでもいいのですか。

はい、どのようなお願いでも大丈夫です。なぜかというと、ホーリースピリットは賢い存在ですから、言葉尻で何かをやったりしないんです。お願いのしかたがおかしくても、どんなにつまらないと思われるお願いでも、そのお願いの奥にある心をちゃんと見てくれています。

たとえば収入を10倍にしてくださいとお願いしたときに、10倍にしてくれる代わりに、何か別のギフトをくれることもあり得ます。そのときに、これは全然聞いてもらっていない、とエゴは叫ぶでしょうけれども、お願いしたのだから答えてくださる、ということを覚えていれば、10倍にはならないけれども、これかな？　と思えるかもしれません。あなたのお願いに対して、これがあなたの本当に望んでいたものですね、と、ホーリースピリットは返してくれます。

ほとんどの場合、ホーリースピリットにお願いすると、お願いした以上のものが返ってきます。必ずといっていいと思います。ただそれをすぐに、「ああ、すごい。これが自分が本当に欲しかったものだったのか」と思うかどうかは別です。

質問者11（男）　普通のサラリーマンをやっていて、普通の仕事をしています。こういうことを勉強しはじめて、すごく魅かれると同時に、仕事自体は意味のないとてもばかばかしいものに思えてきてしまって、会社に行かなくてはいけないという生活の中で、なんとも気持ちがこう……。

朝、瞑想して、神聖な気分で会社に行って、そういう気持ちでいると案ずることがありません。そうすると、仕事自体は究極的にはあまり意味のないものだなあ、と思っている自分が、ちょっと足場がないような感じがしていまして、どう心がけていけばいいのか、何かありましたらお願いします。

はい。ありがとうございます。

今日は、今やっていらっしゃるお仕事が今後どうなっていくか、それから、その中からどんな光が見えはじめるか、どんな経緯を通って意味ある人生と思えるものに全体が統合されていくか、それをはっきりさせてお帰りになっていただくことができると思います。これから午後の時間にやっていきますリーディングや、そういうものを通してわかっていっていただけると思いますので、少しお待ちください。みなさんも、お待ちください。

予定より5分、過ぎてしまいますけれども、短い瞑想をいたしましょう。

【瞑想】 ホーリースピリットにあいさつを送る

背筋をまっすぐに伸ばして、首筋もまっすぐに伸ばしてください。

そして頭蓋骨が、首の上にのっているのではなく、お帽子かけにお帽子がふわりとかかっているように、首の骨にかかっています。首の右、左、うしろ、どこにもよけいな負担がかかっていない状態です。

〈間〉

天上から長い1本のラインが降りてくるのを想像します。

そしてそのラインが頭のてっぺんにたどり着いて、頭の真ん中を通って、首筋、背骨を通って、尾てい骨まで降りていきます。尾てい骨からさらにそのラインが降りていって、深く深く降りていって、ついに地球の中心にたどり着きます。

この長いラインを心の目でいっぺんに見てみます。

肉眼でどこか1点を選んでそれをぎゅっと見るという、自らの選択、判断、それを今ストップして、心の目で天上の上のほうから、はるか下のほうまで、すべての空間を一度に受け入れるということをやっています。

ふだんの状態とずいぶん違います。

このラインを、心の目で見ようとしながら、それをしているご自分の心を観察してみてください。イライラしたり、緊張したり、リラックスしたり、いろいろな思いがよぎるかもしれませんが、それをただ観察していてください。

ホーリースピリットにごあいさつを送ってください。

ごあいさつを送るというのは、いつもホーリースピリットといるのを忘れているので、ホーリースピリットが自分から離れてしまっています。そのホーリースピリットに、「こんにちは」とごあいさつを送って、ご自分のほうに来ていただいてください。

前方から、あるいは後方から、ゆっくりホーリースピリットがご自分のほうに近づいてきて、ご自分の中にすっぽりお入りになる、あるいはご自分をすっぽり包んでくださるような感じです。

そして、ホーリースピリットにお願いします。レッスン14番から、

「この災害は神が創造したのではありません。わたしが見ているのは、実在していないドラマです。わたしが本当のこと、光を見られるように助けてください」

助けてくださいというふうにお願いすると、すぐに返事が来ます。そのお返事を受け入れます。受け取ります。それを何か五感で感じる方もいらっしゃるでしょうし、何か言葉をいただく方もいらっしゃるかもしれないし、何も感じないなあという方も大勢いらっしゃると思いますけれども、感じなくても答えは来ていますから、大丈夫です。


〈間〉


そうしたら、ホーリースピリットを感じたまま、ホーリースピリットと共に、頭をゆっくり低くして、瞑想から出ます。

ありがとうございました。ちょっと時間が過ぎてしまいましたけれども、お昼休みの時

間になりましたから、続きは午後からにいたしましょう。

〈昼休憩〉

百害あった薬をやめる

先ほどランチのときに、地震の直後から電話が通じなくなって困りましたね、という話をしていました。レッスンの25番に、「電話をかけているあなたは、誰に何を伝えようとして電話をかけているのですか？」というのがあります。「何のためですか？　用事があって伝えなければならないことがあるから、そうなのですか？」というところがあります。

わたしたちは交通機関が遮断されてどこにも行けない、家にも帰れない、となると、ぶーぶー文句を言いますし、携帯電話が使えなくなると、同じくぶーぶー文句を言います。では、携帯電話を使ったり、電車やタクシーを使ったりして、いったい毎日何をしているのですか、という話ですね。

携帯電話もない、交通機関もない、自分から離れたところで家を失い、人を失った方々がいる。そういうときに、携帯電話がないから何もできない。無事も確認できない。電車がないから、行って助けることもできない。本当にそうなのですか、ということですね。

本当に心で伝え合う、本当に心がひとつであることを学んでいるならば、携帯電話もいらないし、電車もいりません。これは昔からの言葉ですけれども、わたしたちは本当にテレパシーでつながり、気持ちを伝え合い、励まし合い、力を確認し合うことで、力をちゃんと発揮することができるはずです。それをやはりしなくてはいけません。

わたしたちは、口をきかず、説明をせず、お説教をせず、本当にその人のありのままにつながり、その人のありのままの魂に何が起こっているかを、きちんと目撃し合い、それを伝え合うことで、その力をこの地上にちゃんと実現していくことをやらなくてはいけません。そのために、わたしはスピリチュアル・リーディングというものを、このコースの勉強の中でとても大事なものとしてやっています。

アメリカには『奇跡のコース』のセンターがたくさんあって、勉強会もたくさんあり、それぞれ個性もあります。みなさんもご存じのゲイリー・レナード、ケネス・ワプニック、マリアン・ウィリアムソン、その他、みなさんがまだご存じないたくさんの先生方がいらっしゃいますが、共通しているのは、みんな機会があると、それぞれのセミナーやワークショップや、カンファレンスで集まるんですね。

なぜ集まるかというと、新しいことを学びに来るわけではありません。ただ、一緒にその時間をシェアするために来ます。たとえば先生方の誰々がニューヨークに来るとなると、じゃあみんなで行こう、ということになりますし、こちらから向こうに出かけていきましょうということもあります。それは全部シェアするためで、シェアして何が得られたというよりも、シェアしてそこで心が通じ合うということをただ経験するためのものです。

これは目に見えないことですから、だからどうだというふうなことはすぐにはお見せできませんが、でも、それはやはり、わたしたちの心の力というものをつねに支えてくれています。


ガイドブックの1巻にも出ていますね。「あなたの思いは、他のすべてに影響がありま す」本当にそうなんです。だから、誰か助けたい人がいたら、たとえばアルコール依存症の人が近くにいるならば、なおのこと、自分の心の平和を決意しなければいけません。

わたしたちのエゴというのは、本当にパラノイアです。本当に統合失調症です。わたしたちは、「全員、パラノイアで、妄想があって、おかしいのに、完全に理論的だと信じている患者だ」とケネス・ワプニック先生がおっしゃっていますが、百パーセントそうですね。エゴにつかさどられてきたわたしたちの脳は、深い損傷を負っているといえます。

だからエゴに向かって、もう少しましになれ、おとなしくしろ、というのは無駄です。わたしたちはそこから出なくてはなりません。その出るというのは、エゴからスピリットに移る、というのではなく、たった今見えて、感じているエゴは、幻想にすぎないということを思い出し、思い出したその目で、エゴを眺め直すということです。エゴを幻想として見ている自分とは誰？　これは今まで知らなかったわたしなのね、と気づくことです。

身体は生まれていないし、肉眼は何も見ないし、身体の耳は何も聞いていない、病気はないし、他人というのは存在しないし、問題というのも存在しません。

わたしたちがもっている問題はただひとつ、問題がないということに気がついていないということです。問題はとうの昔に解決されています。なのに、問題にまだかかずらわっている、あるふりをしたがっています。なぜでしょうか。パラノイアだからです。

パラノイアです、というのは、もう身もふたもない言い方ですけど、本当にそうなんです。ですが、そのパラノイアである自分というものを受け入れて、自分の目が、自分の耳が、といっているパラノイアの自分に、ホーリースピリットはやさしく、あなたのその目を使ってこういうものが見えますよ、あなたの耳を使ってこういうものが聞こえますよ、といってくださっているのだから、そのように使いたい、という小さな意識があれば、それは見えるのです。

「今までもがんばってきました。コースを始めてこれだけになります。でも、まだまだです。３６５のレッスンが終わる頃には大丈夫でしょうか」と、思いわずらうのではなく、今、学んでいるその一歩一歩が、ああ、わたしの心が少し喜んでいる、少し小さな経験をした、というものを大事にしていれば、いつどうなる、などということは、どうでもよくなります。痛みは、存在していないのだから、いつ自分がそれを感じなくなるかは、どうでもいいことなのです。なぜなら、ないのですから。ないことがわかっているのですから。

身体に起こることも含めて、あらゆる問題というのは、自分が問題だと思い込んで、その思い込んだ問題を解決するために自分がつくってきたもの、自分が取り入れてきたものです。たとえば、弱い自分を守るために、相手を攻撃したり、相手に怒りをもったり、あれをしなければこれをしなければと走り回ったりすることをやっていますが、そういうことは全部、弱い自分のための、いわば自分流のお薬です。そのお薬は、百害あって一利ありませんでした。その証拠に、その副作用として、身体に症状が出ているのです。

ひどいお薬の飲みすぎで、その副作用として身体に症状が出ています。ひどいお薬の飲みすぎで、この問題、あの問題、すったもんだが起こっています。

副作用を治すにはどうしたらいいでしょう？　百害あるそのお薬をやめることです。自分を守る必要はないのですから。自分は弱くないし、自分は守られているから、自分で勝手に、これはお薬、これは自分には大事、と、やる必要がありません。やる必要がないばかりか、やることは害があったのです。

「意味のない世界がわたしの恐れを引き起こしています」と、レッスン13にありました。「わたしが動揺しているのは、意味のない世界を見ているからです。そして、意味のない世界が、わたしの恐れを引き起こしています。それはわたしが神に張り合っているからだと思う」本当にそうです。

自分が守られているのではなくて、神に張り合って、自分で自分を守りたがっています。宇宙の中で、自分だけは独立独歩でいたい、自立していたい、そうではないと、落ち着かない。これがパラノイアです。

次に進む前に、ご質問がある方、いらっしゃいますか？

質問者4（男） これからレッスンをしていく中で、レッスンしようと思うのはエゴ、というのを朝、おっしゃっていたと思うのですけれども、レッスンするのは、エゴなのでしょうか。それとも、エゴでも真実の自分でもない、どちらにでも行ける自分なのでしょうか。たとえば、エゴがそれを学ぶのであれば、堂々めぐりのところから出られないので……。

そうですね。

質問者4　ホーリースピリットに祈ってから、レッスンをしたほうがいいのでしょうか。要するに、レッスンしようと思うのはエゴですよ、とおっしゃられて、では、レッスンを実際するのは誰なのかというのがちょっとわからなくて。

そうですね。ごめんなさい。ちょっと言い方が悪かったかもしれません。レッスンをして、本当にスピリットとつながりたい、スピリットの自分を地上で体験したいと思うのは、これはエゴというよりも、自分の意識ですね。【図4・29頁参照】それで、レッスンをすれば、こうなるかもしれない、ああなるかもしれない、と、期待するのはエゴですね。そのエゴの期待というのは、期待高まる時期もあれば、やっても全然だめではないかと思う時期もあって、グラフに表すと大きな波形を描きますね。

高いところにいても低いところにいても、淡々と、スピリットにつながりたいと思った自分を続けることです。どう思っても、どう感じても、その結果を自分がどう判断しても、自分を責める心が起きても、こんなことやっても無駄だと思っても、もっといいテキストが出ないかと思っても、エゴは新しもの好きですからいろいろ目移りしますけれど、それでも決めたことはやろうと思ったその小さな意志をもち続けることですね。それだけが自分の正気の部分だと思ったほうがいいですね。

質問者4　正気……。

正気の部分です。

質問者12（女）　正気って、スピリットの意識ということですよね？

そうです。スピリット以外の意識は正気ではありませんから。

質問者4　では、自分の意識というのは、エゴにも行けるし、スピリットにも行ける自分がいるということですか。

そうです。ニュートラルにどちらでもない状態というのはあり得ません。どちらかなんです。放っておけば、エゴにいます。お願いしていれば、スピリットにつながります。

質問者4　では、レッスンは、お願いしながらやったほうが有効でしょうか？

そうですね。ホーリースピリットに、「これからレッスンします。お願いします」とごあいさつを送ってからするといいでしょうね。そういう指示は記されていませんけれども、とてもいい提案をしてくださいました。ありがとうございます。

体験したことのない喜びがある

質問者4　すみません、もう1個あるのですけど。悲しみや苦しみ、そういうのは幻想ですよ、それを取り消したら幸せになりますよ、ということですけど、そう考えたら、今までのいい思い出、たとえば、がんばって勉強して大学に受かってうれしかったという思い出もあると思うのですけど、そんなものもすべて幻だったということになるのでしょうか。

そうです。

質問者4　そうだったら、今までエゴで生きてきたわたしの人生は、何もなかったということになるのですか？

そうです。そのとおりです。

〈会場　笑い〉

そうなりますね。全部、幻想です。

わたしたちはエゴで、こういうものはいらない、こういう怒りもいらないし、嫉妬もいらないし、無力感もいらないし、劣等感もいらない、だけど、あれとあれとあれは欲しいし、自分の中にもまあまあなところもあるな、と思ったりします。この点についてわたしは誇れる、と思ったりします。でも、そんなものは全部同じです。

エゴは、「ほら、なかなかよくやっているでしょう。スピリットなんかに頼らないで自分でやっていきますから、放っておいてください」そういうわけです。でも、そんな一時的な満足は本当の喜びではありません。なぜならば、終われば消えてしまうからです。

大学に受かったとき、それはうれしいですよね。でもそのうれしさでずっと人生が続くわけではありませんね。次から次へと挑戦しなければいけないものが出てきます。挑戦することが人生です。

そうして、自分の人生を振り返ったときに、何がクライマックスだったかなと考えたとき、たとえば大学受験に受かったとき、あるいは行きたい会社に就職したとき、片思いが長かった人に思いが通じたとき、いろいろなことがあるかもしれませんが、それは今、自分が振り返って判断している人生ですよね。でも、自分の人生というものはじつはそんなものではありません。

わたしたちは本当にすばらしかったことを全部見逃しています。わたしたちの記憶というのは、全部塗り替えてつくり直して都合のいいように組み立てているんです。

母親にあのとき文句を言われて傷ついた自分、というものを、わたしたちはずっと大事に抱えますけれども、そのときに母親の本当の心をわたしたちは見過ごしています。本当にあったことを見ていません。

子どもだって大人だってみんな自分に都合のいいことしか見ません。それこそ言葉尻をとらえたり、あげつらったり、そうして自分という被害者をつくっています。そしてエゴは巧妙にも時々、自分に栄光の光を与えているように見せます。なかなかいいではないか、もっとがんばれ、というわけです。

でもそんなものは本当に小さいです。もっと本当に、永久に続く、もうけっして挑戦なんかしなくていい喜びというのがあるのだな、ということに気づけば、そういうものにいちいち興奮しないですみます。

おいしいラーメンを食べた。このラーメンが大好きだ。このラーメンがあるかぎり、まあなんとかやっていけるだろう、と、ラーメンに依存する必要はないんです。ラーメンが喜びを与えてくれるわけではありません。そのラーメンをおいしいな、幸せだなと感じる自分の心というものがあります。その心を感じるためにそのラーメンが役立ってくれました。

そこにいるすてきな女性が自分のハートをときめかせてくれているわけではないのです。その美しい女性の、その楚々《そそ》とした佇《たたず》まいであるとか、清らかさであるとか、きれいな声であるとか、そういうものに、ああいいな、と思うそのやさしい心を自分で感じる、それを見せてくれています。だからそれをちゃんと見た自分を、よかったね、と思えばいいわけです。なにもその女性を追いかける必要はないわけです。

ですから、ご自分の今までのよかったことも全部手放したからといって、何にも消えません。何にも失うものはありません。

今のご質問はとてもいいご質問です。本当に自分の欲しいものをホーリースピリットに委ねるとなると、何かを犠牲にしなくてはならないと思いがちです。スピリットの欲しいものをホーリースピリットがくれるとするならば、じゃあお金は入らないわけね、じゃあこの人とは結婚できないわけね、じゃあこのラーメンはもう食べられないわけね、というふうになりがちですが、そんなことはありません。そこはレベルを混乱させています。失わなくてはいけないものはひとつもありません。ただ、それぞれに対しての自分の心持ちは変わってくると思います。

質問者13（女） それでは、答えが来て、これはスピリットの答えなのか、エゴの答えなのかを見きわめるポイントは、どのようにしたらわかりますか？

練習ですね。スピリットに何か聞くときに、スピリットの答えが気に入らないと、もう1回聞くということがあります。自分の欲しい答えが出てくるまで聞くのですね。これは聞いていることにはなりません。

ホーリースピリットにお願いするときに、何をくださるかということをあらかじめ決めていたら、これはお願いする意味がありません。つまり、わたしはあなたにこれを頼みたいけれども、わたしが欲しい答えはこれだけよ、お願いね、というのは、頼んだことにならないのです。委ねていることになりません。任せていることになりません。信頼していることになりませんし、お願いしていることにはまったくならないわけです。

お願いするということは、「あなたを信頼しています」という心の表現ですから、どんな可能性の答えもあることをまず肝に銘じておく必要があります。どんなことが起こっても、それが自分にとっては最善のことなのだと、受け入れる必要があります。最善です。裁判で勝ちますようにとお願いして、負けたとしたら、それはなぜか意味があって負けたのです。

それから、ホーリースピリットが与えてくれる答えというのは、自分のスピリットの答えですから、自分のスピリットは喜んでいるはずです。でも自分のスピリットが喜んでいるときは、エゴは恐れおののきます。エゴが恐れおののいても、自分のスピリットが、あぁ、光っているな、というふうに感じられるように、自分の心を見きわめる練習をするのがいいですね。その練習に有効なのが、このコースのレッスンですけれども、もうひとつ、自分のエゴ、つまり怖さや痛さや悲しさや、いろいろな感情を自分自身そのものだと思わずに見る練習です。どうやって、それが自分自身だと見なくてすむかというと、痛いときに痛いと感じている自分に素直になることです。

わたしたちは痛いと思うときに、痛いのはいやなので、すぐに何かとすり替えようとします。身体の痛みは逃げられない素直な痛みですけれども、心の痛みは、すり替えます。すぐに、わたしはこうだからこうなのだ、ああいう人はああだからこうなのだ、この会社にいたからこうなのだ、と、全部、理屈、屁理屈をつけて痛みから逃げます。

痛みから逃げるということは、痛みをリアルなものとして認めて、心に抱えていることになりますし、怒りにしてもそうです。腹を立てたときにリアクションしてはいけないといわれたから、腹を立ててはいけないと思うと、怒りは心にあるままです。そこで、怒りなんてものは別になんてことはないのだから、ああ、わたし、怒っているわ、メラメラと怒っているわ、というふうに見られれば、ばあーっと燃え上がって消えていきます。そして、怒っていると思っていたけどそうではなかった、わたしは傷ついていたんだ、悲しいんだ、と感じられるところまできたら、その痛み、悲しみをまっすぐに感じてみましょう。どんな感情でも、それを受け入れるなら、意識を、感情の向こう側に連れていってくれます。

「あなた」は「わたし」です

質問者13　ふつうはハートに聞くというふうにいいますけれども、それはこのコースの教えとはまた別ですか？

同じです。ハートです。先ほど申し上げたように、エゴだと思っているひらひらの部分をわたしたちは自分だと思っていますが、本当の自分は、ひらひらの部分に囲まれているスピリットです【図2・19頁参照】。そこはハートでもありますが、でもわたしたちは本当の自分がハートにあるとは思っていません。あるとしても小さな点としか認識していません。だから、わたしたちは、自分自身に聞くときに、「あなた」と言う必要があるわけです。「わたし」というのはエゴだと思っているので、本当の自分に語りかけるときは、「あなた」と言う必要があるのですね。「あなた」は本当は「わたし」です。「わたし」は自分が誰だか知りたいので、「あなた」が誰だか教えてください、と言わなくてはいけません。わたしには「あなた」が感じられません。でも「あなた」は「わたし」なのですよね？「あなた」のことを教えてください、と言わなくてはいけないのです。

質問者13　客観的に、上から見るみたいな感じですよね？

いいえ、上から、ということではありません。自分の中に賢い自分を感じられないから、おろおろして、賢い人はどこにいらっしゃいますか？　天使さまですか、神さまですか、誰に聞いたらいいのですか？　と聞きますが、ホーリースピリットは、本当は自分のハートにいます。いるような気がしないので、どうぞいらしてください、というふうにお願いして、それでホーリースピリットを感じて、尋ねます。

質問者13　「あなた」と言って、自分の中のホーリースピリットに尋ねるのですね。

そうです。そしてこの「あなた」は、今、隣に座っていらっしゃるどなたかのスピリットも同じ「あなた」ですから、そのお隣の「あなた」に聞いてもいいですね。「あなた」は「わたし」とは違う人に見えるけれど、本当は「わたし」ですね。「あなた」を「わたし」に教えてください、とお願いすると、この「あなた」は、「わたし」に教えてくれます。「『あなた』は『わたし』です。『わたし』のことを教えてください」これをコミュニケーションと呼びます。このときわたしたちははじめてつながるわけです。携帯電話でつながってもいいし、インターネットでつながってもいいけれども、やっていることはこれです。「『あなた』は『わたし』です。『あなた』を教えてください」

ですから、ホーリースピリットとの関係と対人関係とはまったく同じことです。ホーリースピリットとの関係、あるいは神の中でくつろぐという「父なる神」と「神の子」としての関係以外については、コースは、「その関係のあり方は、あまりよくありませんね」とはいわず、「これは関係とは呼べない」といっています。それは関係をもっていることにはならないし、コミュニケーションがあるとはいえないといっています。

コミュニケーションとは、スピリットとスピリットがつながっているときの状態をいいますから、ホーリースピリットとつながることを、もっともっと練習したかったら、隣の誰かとつながる練習を日常生活ですればいいんですね。

質問者13　そのときは相手に同意を得る、というのかな。許可を得てやる？　コミュニケーションだから、一方的ではないですよね。

あなたのスピリットと別の方のスピリットは同じものなので、あなたのスピリットから別の方のスピリットにごあいさつを送れば、必ず返ってきます。同意を得るという言い方をするならば、この宇宙は、「GOD IS.」なので、同意しないというものは一切ありません。同意もなにも、ひとつのものですからね。

それから、どんなに自分のエゴが騒いでスピリットが分離されていても、すなわち別々に見えていても、特別な関係をいくらつくっても、スピリットのエネルギーはつねに調和へと戻ります。スピリットはつねにつながろうとしています。つながろうとしている心を意識が、「わたしもつながりたいです」と言いさえすれば、ぱっとつながります。つながらないときは、相手が拒絶しているのではなくて、自分の意識がエゴに行っているからです。相手ではなくて、全部自分なんです。

質問者13　自分の中にあるエゴや悲しみ、そういうのが拒否しているわけですね。

そうです。『奇跡のコース』では、「あなたは自分の本質を見きわめるのに時間をかける必要はありません。なぜならば、あなたは二元性の世界に生きていて、つまりあなたは誰かを見て自分を知ることができるから」といっています。つまり、誰かを見ることで、自分の癒しをおこなえるので、わざわざインドに修行をしに行く必要はないし、20年間、洞窟にこもって瞑想をし続ける必要もないという意味のことをいっています。今すぐにハートにスピリットを感じられるといっているところが、『奇跡のコース』のひとつの特徴になりますね。

質問者13 鏡ということですね。

はい。鏡ということです。

質問者13 はい。ありがとうございます。

ありがとうございます。

スピリットのモチベーションは枯渇しない

質問者14（男） まだはっきり質問がまとまっていないのですけれど、ひとつ不思議に思うのは、前の方の質問で、たとえばラーメンを食べる、あるいはあの大学に入りたいと思って入試をがんばる、あるいは、文明の進歩において、いろいろな発明があります。そういったものは、ハングリー精神というような、理想と現実のギャップや、欠けているところを求める、それがモチベーションになってがんばることが多いと思います。

だとしたら、がんばって大学に入らなくていいのか、発明をやらなくていいのか。やっぱりそれがきっといいことではないかと思っていて、まず、いいことかどうか。そして、いいこととすると、よりすばらしいモチベーションというものがあるのではないか。だけど、それが何なのか実感としてわかりません。イメージがわきません。もしそのあたりで何かコメントがあれば教えていただきたいなあと。

はい。ありがとうございます。

エゴは今まで自分の足りないところを補って、よりよい自分になるために生きてきました。それをしなくてよい、なぜならあなたは完璧だから、といわれたら、ではどうやって時間をつぶすのでしょうか、ということですね。

まずご質問の中で、科学の発達や、よりおいしいラーメンをつくるといったいろいろな努力ですが、それは本当に足りないところを補うためのエゴのチャレンジだけだったでしょうか。

たとえば自動車が発明されたのは、自動車があると便利だからではありませんでした。もっと早く走れたら、どんな気持ちがするだろうか。これがモチベーションでした。飛行機もそうでした。空が飛べたらどんな気持ちがするだろうか。

飛行機をつくったらもうかるのではないか、もうかるのだったらこれで一家安泰ではないか、そう思って飛行機が生まれたわけではないのですね。

わたしたちのエネルギーはスピリットから出ているので、ラーメン屋さんでも、大学の理科系の人でも、その道具を使って、スピリットにある喜びを自分で経験していくことができます。だからラーメンがどんどんおいしくなっていくんですね。一夜にしておいしいラーメンは生まれなかったかもしれません。10年かかったかもしれません。その秘密のスープを完成させるのに、その10年のすべての1日1日はとても喜ばしい発見の連続だったはずです。もちろん、それだけではないですよ。でもやはりその喜びがあるから、続けたのではないかと思います。

たとえば、お医者さんになりたいと思って、医学部に入ります。もしお医者さんになることを本当に喜びとして思っているのだったら、大学在学中および研修期間の、その長く苦しいお勉強の期間を、苦しみを凌駕する喜びとともに過ごせるはずです。もしそこに喜びがなかったのだったら、もともとやりたいことをやっていないからです。

今、目の前にあるものを道具として、スピリットを使おう。つまり本当の自分の命を使おう、命を使って生きているというのはこういうことだ、というのをわかろうというのがモチベーションになれば、それは絶対に枯渇することはありません。枯渇することがないので、発明も止まらないだろうし、ラーメンもますますおいしくなるはずです。

お金のために仕事をする人はいい仕事をしません。足りないものを補う、自分を守る、という幻想、つまり無のモチベーションは何も生み出さないし、増やしません。よい仕事をしよう、足りないところではなく、自分のもっているものをフルに使っていこうとする人の仕事には、喜びと行き届いた心遣い、感謝があふれ、豊かさも増えていきます。

うまくできていないと思うのはエゴの解釈

質問者15（男） レッスンを進めるにあたってですけれども、朝、その日のレッスンをまず見て、内容を理解して、書きとめるなりなんなりして1日を過ごしています。時間指定があるときには、レッスンにあるとおり進めていきますが、夜になってもう一度そのレッスンを見たときに、ああ、できていなかったのではないか、これはちょっとうまくレッスンをこなしていない、と、そういうふうに思ったときに、次のレッスンに進むのがいいのか、同じレッスンをもう一度次の日にするのがいいのか、これはどちらがいいのでしょうか。

レッスンをしたら、そして指示の中で、「1時間ごとにやりなさい。忘れたらまた戻ってきてやりなさい」とあるとおりに、忘れてもちゃんと戻ってきてやったのでしたら、次の日は次の日のレッスンに進んでください。

よくできていなかったと思うのは、自分の勝手な解釈であって、自分が実際にやっていることとは何の関係もありませんから、次のレッスンに進んでください。

質問者15　1時間に1回の指定があったとしても、1時間忘れていたり、2時間たっていたりでほとんど忘れて、1時間の指定だから、朝から夜まで12回はあるのだろうけど、3回くらいしかできていなかった、これでも進んでいいのですか?

そうですね。進んでください。

質問者15　ああ、そうなんだ。

ええ。進んでください。

会場1（女）　すばらしい。

すばらしいでしょう？

忘れたらやったことにはならないというふうには書いていないのですね。忘れても、気がついたときに戻ればいいんです。

だから、コースはよく間違えられるのですけれども、どうせエゴのやることは過ちだからそれでいいのだ、とはいってはいなくて、過ちだから単に戻ればいいです、というふうにいっています。だから、戻ろうと思うことが大事ですね。

たとえば、ああ、レッスン忘れたな、せめて夜寝る前にもう1回やろう、と思う。これは戻っていますね。

質問者15　自分でやりながら、その日をごまかすではないけど、その日最後にもう一度じっくりやれば、その日のやっていなかったぶんが、なんとか大目に見てもらえるのではないかと思ったりするのですが……。

〈会場　笑い〉

ホーリースピリットは、できのよしあしで取り計らってくれたり、ご褒美をくれたりするわけではありませんから、大丈夫ですよ。とにかく、ああ、戻ってきたね、お帰りというだけです。１日の最後のレッスンだけゆっくりやってみよう、２倍やってみよう、と思わなくていいんです。戻ってきたことでもう、お帰り、といってもらっていますから。

質問者15　レッスンに書いてあることが具体的になってきていて、光の知覚や、その存在に気づく、というのがあって、あやふやなレッスンをしてしまったから、この日のレッスンに書かれていることが自分には見えていないのではないか、と思ってしまうのですけれども。

そんなことはありません。そういうのは全部、エゴの声です。学ぶことに喜びなんてない、つらさ、苦しさがあるばかりだ、と、エゴはいいたいんです。おまえには無理だ、といおうとしています。

ビジョンはエゴの判断をはずすと見えてくる

質問者15　キリストのビジョンというのを、すごく見たいと思っていますが、その片鱗のようなものが見えただけであって、もしかしたらこれがキリストのビジョンかもしれないと思うけれども、そういうのではないと思うんです。もう絶対的にわかるものだと思うのですけれども。

そうですね。

質問者15　レッスンがうまく進んでいないので、もしかしたらこれかな？　というのしか見えなくなっているのかなーと思うことがあるのですが。

そういう、自分自身で下す判断、というのをやめると見えてきます。

質問者15 ああ……。

自分で判断しているでしょう？　これができていないからこうなんだ、って。

質問者15 はい。

それが、ビジョンを見る妨げになっています。

質問者15 ああ……！

判断して、自分はだめだったかな、こうすればいいかな、まだ見えないな、といろいろなことを思います。「見たい！」「見えるって書いてあるけど、見えない」そういう気持ちは全部エゴです。それはそれで置いておいて、正気の部分で次のレッスンをめくればいいんです。

それが、赤ちゃんのように委ねるということ、本当に抱きとめてもらうということなんです。抱きとめてもらったときに、抱かれながら見わたして、「ああ、見えるよ」と言うのですね。

質問者15　たとえばですけれども、キリストのビジョンというのがどういうものかを、ご自身の体験で教えてもらいたいのですが。

キリストのビジョンというのは、誰の中にもキリストしか見えないということですね。もう、それだけです。

質問者15　はい。難しいですね。なかなか容易ではないです。

容易ではないです、というふうにおっしゃる必要はなくて、ああ、それなんだな、と思ってください。それが見えますから。

質問者15　はい。見ます。

見てください。ありがとうございます。

大切なのは、レッスンに戻ってくること

この間、ミーティングをしている最中にも、レッスンをしているその方の携帯電話が15分ごとにリンリン鳴るんですね。「ちょっと失礼」と言って、その方がワークをなさっていましたが、携帯電話はそういうふうに使ってくださるといいですね。

みなさんの機能にそれが入っているかどうか存じ上げませんけれども、15分ごとに携帯電話が鳴って、今日のレッスンをやっていると、これはもう他のことは何もできないですね。つまり、15分ごとにやりなさいというレッスンのときには、一日中、それだけをやりなさいということです。他のことをやってもいいけど、心の中ではこれだけをやりなさいということです。だから他のことは上の空になりますね。

〈会場　笑い〉

質問者15　あの、似たような話ですけれども、ぼくはレッスンが1時間1回の指示だったら、そのときにバイブで鳴るように設定しています。コースができたとき、携帯電話のことをイエスはもちろんわかっていたと思うのですけれども、だけど、携帯電話によって15分、1時間に気づいて、そのレッスンを始めてもいいものなのでしょうか。自分で1時間をつねに意識して、1時間ごとに自分で気づく、携帯電話の力ではなくて、自分で目が覚める、そういうふうにしていくのと、どちらも正しいのでしょうか。

レッスンをおこなうにあたって、正しいことはただひとつで、ただ指示に従って進めていくということだけです。そして忘れたら、また戻ってくるということだけです。わたしの経験でいうと、しばらくとにかくちゃんと指示どおりに15分なら15分、1時間なら1時間ごとにやっていこうと思ってやっていると、だんだん時間の感覚がわかるようになってきます。他のことをやっていても、戻れるようになります。たぶん、みなさん、自然にそうなると思います。だから、そうなったらしめたものだし、そうでなければ、バイブ機能を使ってやればいいのではないでしょうか？

宗教学者であり、社会学者であり、平和活動家のタラ・シン（Tara Singh 1919-2006）という方がいらっしゃいました。長い間、クリシュナムルティを師として、ガンジー、ダライ・ラマ、マザー・テレサ、ルーズベルト大統領といった方々と親交が深い方でした。その方が『奇跡のコース』の存在を知って、「今までの他の学びが全部彼方に押しやられたようだ」とおっしゃったんですね。それで、カリフォルニアにいた彼のまわりに世界中から有志が集まってきて、３６５日、レッスンだけをやるという1年をもち、その有志たちがまた世界に散らばって、コースを広めたということがあったということです。

彼らのようにすべてを捨てて1年間これに捧げなさいとは、もちろんコースには書かれていません。いろいろこまごましたことをやっていていいけれど、やりながら、とにかく心をこれに捧げなさい、とイエスはおっしゃっていると思います。

わたし自身は、最初にレッスンをやったときには3年もかかっています。途中で抵抗があったり、次のレッスンに進めないなあとひとつのところにひっかかっていたりすると、やはりいやになってきますよね。そんなことをやったり、遅れたぶんをちょっとずるして取り戻そうと、1日2レッスン、これだったら簡単だわ、と思ってやってみたりすると、もうなんだかよくわからなくなってしまいますから、結局また前に戻らなくてはいけないということを、最初は繰り返しました。

パート1がやはり手ごわいですね。パート1がクリアできると、パート2は本当に喜びとともにやれるようになります。パート1というのは、ガイドブックにも書きましたけれども、今までの自分の考え方、かちかちになっていた価値観――価値観というのは、わたしたちはリミット（制限）されている存在、わたしたちは足りない存在、誰かが受け取ったら誰かが失わなければいけないという考え方ですが――そういうものを全部きれいに取り払うためのレッスンです。パート2は、では取り払ったあと、どんな喜びが日々やってくるかということを、一緒に経験できます。楽しみでしょう？　楽しみですよね。そうなっています。

神の創造に参加する

質問者16（女）　わたしはまだ2～3回しかレッスンを体験していません。今回の地震の体験を通して感じたことですけれども、自分の想定内のことであれば、意味づけしないといというレッスンも、ああ、わかるな、と簡単に取り組めましたが、今回の震災があったときに、出来事に対して、神に対して、ものすごくジャッジをしているのを見つけました。

先ほどの瞑想で、「これを起こしているのは神ではない」という言葉があったときに、ああ、そうなんだ！　と思ったのですが、ではいったい何が起こしているのかな、と。それから、抵抗というのはエゴがやっていると思うのですけれども、それを意味づけしないようにしようと思うのも、これもエゴだしな、という感じで。

もし、今回の出来事を光の視点、魂の視点で見た場合に、どういうふうに見えるのかな、と、その辺を聞きたいと思いました。

はい、ありがとうございます。

みなさん、どういうふうに見ていらっしゃいますか？　先ほどから少しシェアリングをして瞑想もしましたけれども、どういうふうに見ていらっしゃいます？

この地震は、神が起こしたものではもちろんないです。これはわたしたちのエゴのドラマがつくり上げたものです。誰が悪い、ではありません。みんなの共同制作です。共同制作でつくり上げたものです。

このつくり上げたもので何を言いたいかというと、先ほど読んだところですね。神に反抗したいのです。「ほら、こんなことをして、われわれをいじめているではないか。こんなことがあるから、われわれは自分たちで自分たちを守らなくてはならないのだ」というふうにいいたいのです。そういう心がこの被害の苦しみを引き起こしています。だからそこに加担しないことはすごく大事なことです。

そして、そのドラマのいろいろな役で、いろいろなふうに、いろいろな方が、いろいろなことを演じてくださっています。亡くなった方もいれば、亡くなった方のすぐ近くにいらっしゃる方もいます。いろいろなかたちでこの災害を経験していらっしゃる方、遠く離れている方、こうして無事に集まっているわたしたちもいるわけです。それはまた、「この災害をどう見たらよいのですか」という問いは無効だということでもあります。それぞれが、自分の位置で、「このことは、わたしにとって何なのだろう」「このことを越えて、わたしは何を見るのだろう」「教えてください」とホーリースピリットに心を向けなければなりません。

それぞれの場所で、それぞれが正気の心をもたなければなりません。そして、たとえばここにいるわたしたちは、正気の心をもちやすい位置に立っているといっていいと思います。自分で計画してそうなったのではなく、気がついたらここにいたという感じです。ホーリースピリットが「あなたはせっかくこの場所にいるのだから、その場所にいるあなたの役割を果たしなさい」といってくれています。だからわたしたちのこの場所で、わたしたちが心に平和をもつ、光を見るということを、本当にすればいいんです。

そしてさらには、こんなに地球が動いていて、つまりすべてのものは動いていて、古いパターンを「取り消す」力がどんどん出てきています。それにいつまでも抵抗して、それこそ古い科学や、古い概念で、よけいな摩擦をもたないことです。

間違った原因と結果のラインに乗らない

そうでなければ、命を落とされた方、津波に流された方、そういう方々がそれこそ浮かばれません。すべての命を生かすように、すべての役を無駄にしないように心を向けることです。

わたしたちがおろおろしている最中にも、それをわかっている魂が、ちゃんとわたしたちを見守ってくれています。わたしたちが立ち上がって、わたしたちが守るわけではありません。守られている本当の世界にわたしたちがひとりひとり参加するのです。

参加した一員だけが見える世界というものがあります。参加者が多ければ多いほど、目撃し合って喜び合えるものも、どんどん実現していきます。目に見えて広がっていきます。それができるとわかっているのだから、やりましょう、と思いますね。

しかも、地震があった、たいへんだった、被害がたいへんで、これから復旧がたいへんだ。つまり、もう終わったことだ、というわけではありません。今もまだ続いています。みんな、これからどうなるかわからないと思っています。今どうなるかわからないと思っているこの一連のことは、全部過去のことです。過去のイメージです。福島の原発事故。地震。放射能漏れ。不安。恐怖。食糧の汚染。近未来の大地震の心配。こういうものは全部、過去のことです。そのニュースを見て恐れおののいた、その一連のことも全部、過去です。すべてのことはもう終わっています。今、見ていることも含めて全部終わっていますから、それを引きずって、一昨日の地震がこうだから今こうで、というふうに、最初の間違った原因と結果のラインに自分を乗せないことが大事ですね。

今、出発します。今が出発地点です。そこからつくっていくということです。そこから神の創造、クリエーションに参加していくということです。

そういうときに、せめてワークだけは続けようというのは、これはいい心がけですね。でもそれだけでは足りません。せめてワークだけでも、ではなくて、ワークをやっているその日に、「わたしが見ている世界は意味のない世界です」とレッスンでいっているその日に、せっかくそこに意味のありそうなものがあるのだから、それに対して本当に、誠実に、正直に、まっすぐに向かうことですね。

本当に自分はこれを意味のないものだと思っているのか。本当にこれは神の創造ではないといえるのか。いえないと思ったら、いえない自分というものを本当に直視して、それを認めていきます。認めたときに、「もうおまえは資格がない」とは、コースにはひとつも書いていません。認めたからこそ、助けてください、とホーリースピリットにお願いすることができます。

大したことが起きていない日常、またはエゴの欲求が満たされて浮き足立っていたりすると、わたしたちはすぐ傲慢になって、「ホーリースピリット、ちょっといらない」と思います。次に何かドンッと起きると、あわてて、「ホーリースピリット！」とやるわけですけど、そうではなくて、いつもふだんからそうやっていればもちろんいいし、でもこういうときこそまたやればいいわけです。

本当にそれができるでしょうか。徒歩で帰らなくてはならないというだけで、心はぐらぐら揺れるわけですから、それほどまだ自分の心はやわなのだなということを、やはり自覚することですね。でも、そういうときに、たとえば徒歩で帰りながらでも、携帯電話が1時間ごとに鳴るなりして、「ああ、そうだった。ホーリースピリット、そうだった」と、ちょっと思い出すと、心がまたちょっと変わります。

それを繰り返していると、心が変わっているときの状態と、揺れているときの状態の差がもっとはっきりしてきます。はっきりしてくると、揺れている状態はもういやだな、と本当に思えます。そうすると、いやだいやだ、スピリットに戻ろうということも、時間をかけずにおこなえるようになってきますね。人生で問題と見えていたものが、すみやかに消えていく体験をしていくようになります。

怒りにエネルギーはない

質問者16　ありがとうございました。すごくわかりやすかったです。わたしがエゴを手放せないきっかけになるのが感情なのですけれども、出来事に反応しているものが、恐れと怒りという感情に巻き込まれて、やはりジャッジメントに入っていきます。感情というものは、先生の視点からするとどういうものなのかなと思いまして、お願いいたします。

何かが起こったから、腹を立てるのではありませんでしたね。大きなことが起きたから腹を立てるのではなくて、大きなことと見えるものがあったときに、エゴが反応します。

怒りというより、罪の意識、悲しみが反応しています【図8・127頁参照】。そしてこのジャッジメントを使って、罪の意識、悲しみから目をそらし、怒りに変換していきます。エゴはこのように反応しているのですね。

それで、なぜこうなるかというと、もともと反応したくてうずうずしているものがエゴにあるからです。大きなものがもともとあって、ここぞとばかりに飛びつくわけです。そしてここぞとばかりに発散させられます。

うずうず、うじうじしているのは、恐れですね。自分は攻撃されるかもしれない、攻撃されるはずだ、なぜなら自分はこんなに弱いのだから、という前提があるから、攻撃されるということを知覚します。それは全部、自分の中で起きていること、自分の責任です。ところがエゴは、たちまちそのことを忘れてしまって（自分に忘れさせて）、相手の攻撃も、自分が自分を守るためにする攻撃も、「正しい！」「自分には責任はない！」と思うのです。これが怒りです。責任転嫁ですね。

東日本大震災が起こって、喜んでいる人なんていません。でも、エゴは興奮しています。鬼の首をとってつかまえるとはこのことで、「ほら、見ろー！」と、エゴはいきり立っているわけです。このうずうずしている感情がいっぱいあれば、その感情の噴出も大きくなります。

では、うずうずしているエゴにたくさんのエネルギーが詰まっているかというと、ここにはエネルギーはありません。怒りのエネルギーなんて、そんなものは存在していません。どこにあるか、もうご存じですよね。スピリットにあります。スピリットの中にしかエネルギーはないのですね。

スピリットの豊かなエネルギーが出ようとしているときに、エゴに当たって、怒りと悲しみとジャッジの間をぐるぐる行ったり来たりします。これがたとえば今の状態かもしれません。そうすると、では、ご自分に今何が起こっているかというと——。

うずうずしていた怒りが今噴出しています。うずうずしていた怒りというのは、スピリットの愛が出ることを止めていたものですね。止めていたものが、噴出しています。つまり、怒りで止めていた愛のエネルギーが噴出したがっています。エゴのところで中途半端に止められることなく、気持ちよく出たいんです。

スピリットのエネルギーが限りなくありますから、今、こういう出来事を目の前にして、愛が黙っていられないわけです。今こそ、愛が出たいのです。ですが、今までもっていたエゴが壁のようにふさがって、スピリットの代わりにエゴで表現しています。だからエゴではなくて、スピリットで素直に表現させてあげるチャンスが今、来ています。

スピリットにどんなものが詰まっていて、どんなふうに愛が出ていくのか、楽しみにな

スピリットの豊かなエネルギーが出ようとしているときに、エゴに当たって、外に出たがってうずうずしていたエゴの怒り、悲しみ、嘆き、判断にぶつかり、スピリットの愛が外に出ることを止めてしまう。

「怒り、悲しみ、嘆き、判断を使うことなく、本当の愛を見させてください」とホーリースピリットにお願いすることによって、スピリットの体験ができる。

スピリットのエネルギーが出ようとするとき、エゴにぶつかる
図8

さるといいと思います。そしてご自分の愛が出るとき、自分のまわりの世の中がどんなふうに変わるか、それもちゃんと見届けてごらんになったらいいと思います。

先ほどの病気の副作用もそうですね。今こそエゴを道具にして、スピリットのエネルギーが出たいというときに、自分では薬だと思っているものに取り囲まれていると、痛みとなって出ます。だけど、エゴで表現することをやめれば、スピリットも出てくるわけです。

スピリットにしかエネルギーはありません。怒りのエネルギーなどというものは存在しないということですね。

本当の生命、本当の愛を体験する

質問者17（男）　ちょっとわからないのが、エネルギーがもともと愛のところにしかない、それがどうしてそのまま出ていかないのか、ということです。怒りのところに行ってしまうというその変換のプロセスが今ひとつ具体的にわかりません。たとえば、愛というエネルギーをそのまま出したいのだけど、こういう理由でうまく届かなくて、それがどういうプロセスで変わって、怒りの反応になってしまうのか、という、それはどういう変換のプロセスになるのかなあ、と。それがちょっとわかりづらいのですが。

そうですね。これが答えとして適切でしょうか。

たとえば、なぜ問題児というのが存在して親を困らせるのでしょう。問題児は、自分を問題児として存在させることで、親の注目を浴びたい、という場合がありますね。それからなぜ旦那さんがアルコールに走るかというと、奥様やこの世の中に対して、自分を大事にしてほしい、自分を慰めてほしい、自分は弱いんだ、と訴えて愛を欲しがっているのかもしれませんね。

なぜ愛を表現するのに、わざわざ問題児になってみたり、アルコール依存症になってみたりしなくてはならないのでしょう。小学生の男の子が好きな子にいじわるするようなもので、なぜいじわるしなくてはならないのでしょう。いじわるしたくてしているわけではありません。気を引くためですね。あるいは子どもは親の関心を得るためにわざわざ熱を出したりします。やさしくしてくれるからです。

わたしたち、みんなそうです。心配をかけることで、愛の関係を築きたいわけです。あるいは怒りをもつことで関係を維持しようとしています。そういうふうに、自分たちは足りないという思考体系の中にいるときは、愛を別な代用品を使って表現することをします。

とくにわたしたちはこの代用品を身体にさせます。身体に愛の代用をさせようとします。そのように身体がエゴに使われると、エゴに使われる身体というのは、弱くて、何かが欠けていて、完全というのはあり得ないことになりますから、病気になるかもしれないし、ふたつの身体は、愛と情熱を分かち合う代わりに、嫉妬や疑い、さびしさと苦しさに終始することになるかもしれません。だけど愛をそのまま表現していいのだと受け入れられると、そのために身体もすべての出来事も使われますから、すべての出来事は完璧な役目を果たしてくれます。

質問者18（女）　ほとんど同じですけど、怒りをやめれば、違う愛がそのまま出るのでしょうか？ただそのひらひらのエゴをやめればいい、ということですか？

やめるというより、ひらひらのエゴは自分ではない、自分が見ている夢にすぎないということを思い出すことです。仏教に無我という言葉がありますが、コースでは無我の境地を目指すというよりも、自我はない、だから闘うのではなく、在るものに戻りなさいといっているんです。

質問者18　もうひとつ、まとまっていないのですが、お願いし続けるというのが、ちょっとあまりよく……。祈る、ということがはっきりわかっていません。

たとえば、病気が治りたい、と思う。病気が治るというかたちがわたしにとって本当にいいかどうかということではなくて、わたしが病気であってもなくても、それが気にならなくなる状態になることがわたしの望みだということが、頭ではわかっているけれども、もし実際に病気が治らなければ、なんだか自信がもてない、そういうふうに受け取ってしまう自分がいるような感じがします。

たとえば、ワークをやっていて、穏やかになっている自分に抵抗があります。けっこうドラマティックなものが好きで、先ほどの話にもあったのですけど、恋愛、できなくなってしまうのではないかと思って……。

ドラマティックな、ですね？

質問者18　そういうふうに思っている自分がいます。実際は、本当はただかたちとして自分が表れて、相手がいるということなのだろうけれども、そういうふうにまだ自分が追いついていません。身体が追いついていない、というか……。

まず、最初におっしゃった「これをなくせばいい」というのは、なくそうとしてなくせるものではありませんね。だから、そう思うのは単に自分のエゴの妄想の部分だと受け入れればいいわけです。闘わないで、闘う代わりに、「あれ？　この怒りの向こう側に何かがあるんだなあ」と思います。「その何かがあるのだったら、それが出てくるほうが断然いいし、病気と闘うためにエネルギーを使うよりも、愛をそのまま、病気なしで、愛のままで使ったほうが断然いい。だから、怒りや悲しみや心配の向こうにあるものを見せてください」というふうにお願いするのがいいですね。

それをお願いするときに、やはり自分ではエゴの部分で、身体がよくなりますように、健康になりますように、という思いが出てくるけれども、それも全部そこにあるものとして受け入れて、「スピリットの部分で奇跡を見せてください。この部分で、わたしが、これが本当に生きるということなのね、これが本当の愛なのね、ということを、経験させてください」とお願いして、スピリットの部分が出ることを、それこそあなたのほとばしる情熱で思えばいいですね。

それから、ドラマティックな恋愛ですけれども、わたしの個人的な経験からすれば、めくるめく恋愛というのは、コースを勉強したらもう無理だと思います。

〈会場　笑い〉

なぜならば、めくるめく理由がなくなるからです。ドラマはなくなります。その代わり、人を本当に受け入れて慈しむことができるという経験をします。ああ、こういうものが本当にあるのだ、この人のあるがままを、この人の全部を、これほど尊く、かけがえのないものとして感謝して抱きしめられるということがあるのだ、という経験をします。

めくるめいたときを振り返れば、あれは愛ではなかったと思います。愛もあったと思うけれども、愛はちょっと影をひそめていた感じ。あるいは、愛にはちょっと出てもらいたくなかった感じ。そういうのがあったと思いますが、今は、愛が本当にそのまま出るという関係はこういうことかというのがわかって、これが本当のロマンティックということなのだなあ、知らなかったなあ、という感じです。

それからもうひとつは、特別な関係という概念がやはり薄れますね。

今回、大勢のみなさんが、「弥須子さん、大丈夫でしたか。ご家族はどうでしたか」と聞いてくださるのですけれども、「ご家族はどうでしたか」と聞かれることに、違和感がありました。おかげさまで大丈夫ですけれども、わたしは家族がまず大事だというふうには全然思っていないのです。わたしの家族はみなさん全員なので、だから、家族は？　と聞かれると、どの家族ですか？　と思います。

同時に、わたしの家族、この血縁のある家族とのコミュニケーションというものも、ものすごく深く豊かになっています。「わたしたち家族は」というふうにならなくなるほど、関係は深くなってくる、密になってくる感じがします。特別ではないから、家族に対しても愛をそのまま出せるということでしょうか。

（質問者18に向かって）覚悟していてくださいね。いつかそうなってしまうのね、それも楽しみね、と思っているといいと思います。

めくるめく恋愛というのは、何のためにやっているかというと、それが鎮まるまでやるというのが、恋愛の目的ですね。発熱して、もう他のことは目に入らなくなり、そして恋に生きている、恋に生きるそのゴールは恋が終わることです。そしてまた次を探します。

つまり愛に戻る時間がほとんどないのですね。

だから、今感じていらっしゃる恋愛感情を、こういう穏やかな気持ちというのもあるのかなとやってみると、そこから自分でも思ってもみなかったものがドバッと出てくると思います。それはつまらないものではありません。何事もなくていいんですか、と聞かれるくらい、はたから見てつまらないかもしれないけれども、中は全然つまらないことはないです。ああ、これが本当の生きる力なのかなあと思います。その愛を少しずつ受け入れていく勇気を育てるためのレッスンになりますね。

心配しなくてもいい愛、という言い方は変だけれども、心配したり、身体を離れたり近づけたりして、動かしていかなくてもいいもの、そういうものがあるのだと思えることは、これが本当に生きるということの〝とばくち〟かなあと思います。

いい質問をありがとうございました。

質問者19（女）　怒りや悲しみをアンドゥして取り消すようにホーリースピリットにお願いしていく、それをやっていくのだなと理解したのですけど、そういうふうに思っていていいのでしょうか。それとも、怒りや悲しみを、もうなくならないものとして、あってもいいから、その奥にある愛を見せてほしいというふうにお願いするのがいいのでしょうか。どちらがいいですか？

エゴというのは、自分が弱いと思っているので、怖くてつくっているもの、自分でつくっている壁ですから、こういう壁がなくても、スピリットをただ出していても安全なのだということをわかればいいわけですね。

どうしたらわかるかというと、やってみて、やってみて、本当だ、という経験がなくてはいけません。だから、やってみて、本当だ、という経験と、「やってみさせてください」というふうにお願いする練習というのは、並行しておこなわれます。

「これを取り消してください」というよりも、「スピリットのままでいていいのだということを教えてください」という感じでしょうね。つまり、「怒りを使ったり、悲しみを使ったりしなくていいことを教えてください」。

エゴを使っているときというのは、「自分には愛がないので愛をください」と相手に要求しています。相手に愛をくださいと要求しても、エゴは満たされませんから、「自分の愛を見させてください」というふうにお願いすることですね。どうでしょうか？

質問者19 ごめんなさい。もうすでに教えていただいているかもしれないのですけど、ちょっと混乱していて……。アンドゥというのは、何をすることでしょうか。

こんな幻想を見なくていいということを、受け入れることです。エゴにしがみつかなくていいということです。それから、過去に起こった出来事、たとえば小さい頃にお母さんが自分に何かをした、それで自分にはトラウマがあるということを、そのようにジャッジしている自分の心をアンドゥする。それは自分の外側で起こったことではなく、自分で心の中で起こした投影にすぎなかった、つまり本当は何も起こっていなかったんだ、と気づいて受け入れること、といっていいでしょうね。自分がしている投影の取り消しということです。エゴをもたなくていいんだ、ただ愛をシェアすることができるんだ、ということを、お願いすることによって体験することでしょうね。

質問者19　はい、ありがとうございました。

質問者20（女）　先ほどのラーメンの例ではないのですけれども、神は創造するものというふうにわたしはとらえました。わたし、絵を描いていますが、エゴで描いている絵と、スピリット・ガイドに頼んだときの絵と違うのですね。

今描いている絵は抽象画なので、なかなか売れません。売れないといっても、まあ、それはそれとしてやっているのですけど、自分のエゴがむきだしに出るような絵を描こうとしたりするときに……。

何が言いたかったかというと、やはりスピリット・ガイドにお願いして、今必要なもの、愛や光を描きたいなと思っています。でも、公募展に出しても入らないことがあって、スピリットにお願いするときに、公募展に入っても入らなくても、そういう絵を描かせてください、とお願いするのがよろしいのでしょうか。

単にこの絵はエゴのドラマかな、と思ったりします。極端にいえば、世の中の映画というのもドラマですよね。そういうのは価値がないのかな、と自分で時々思うんです。まず個人的なこととして、スピリットに、絵は何のために頼んだらいいのかな、と。時々、これ、エゴがやっているのかな、と自分を責めるときがあるのですけど、どうしたらいいのでしょうか。

先ほども申し上げたことの繰り返しになりますけれど、他人というのは存在しません。だから、他人と見える人が喜んでくださるということは、自分が喜んでいるということですね。ということは、「自分がこの絵を通じて喜びを体験できるように助けてください。もっと喜べるように助けてください。もっともっとわたしが喜びを受け入れられるように助けてください」。

つまり、もっともっと喜びとともに絵を描かなくてはいけません。もっともっと光をいただいて、色をいただいて、それをもっともっとです。本当に、もっといけますよ。まだ足りないです。まだまだ、もっといただいて、それをもっと受け取って、もっとそれを表現することですね。それだけです。

もっと受け取ったその光の、すばらしい色彩であり、ラインであり、それが描かれた絵が人の前に掲げられたときに、みんなに教えられるのではないか、みんなにその光を見てもらえるのではないか、と思ったらこれは大間違いです。自分が本当に受け取ってそれを表現すると、自分がそれを受け取ったことによって、他の人たち全員の心にも受け取れる状態ができます。だからみんなが来て受け取るのです。それをわかっている人たちが来て、受け取るんです。

質問者20　まず自分が光を受け取って……。

そうです。そして自分が光を受け取ることが、全員の心の扉を開くことになります。わたしたちはそうやって助け合っています。ケチらない。出し惜しみしない。表現を怖がらない。そしてなにより、遠慮しない。エゴのドラマを、表現のために全部、使い尽くしてください。

レッスンに「わたしの心はわたしだけのものではありません」というのがありました。本当にそうです。ひとりの画家が、本当に受け取ったことを描くことで、その絵をまだ見ていない人たちも受け取れる心になります。なぜかそうなります。だからみんながその絵を見るのです。見られる状態だからです。

質問者20　ありがとうございました。今日、来たかいがありました。

もっともっと行ってください。

質問者20　はい。

もっともっと、というのは、もっともっと切実に欲張って、求めていいということです。本当に喜びの画家であり、描いているときの、その降りてくる、降ってくる、ヘレンさんのチャネリングではないですけれども、そういうふうになさることですね。

質問者20　ありがとうございます。

「あがない」とは真実の自分と和解すること

質問者21（女）　まだ勉強不足でこのような質問をするのは恥ずかしいのですけど、「あがない」がニュアンスとして自分の中で理解しづらくて、ご説明していただけたらと思います。


はい。ありがとうございます。

この「あがない」はみなさんがおっしゃっている大きなトピックですね。

「あがない」というのは、原文では「アトーンメント」といいます。

アトーンメントという言葉は、「チューニング」のチューンです（ATONEMENT=A+TONE+MENT=TUNING)。何にチューニングする《合わせる》かというと、神にチューンします。

あるいは、スピリットにチューンします。つまり、自分が本当に神の中に戻るということ、これが「アトーンメント」です。

「あなたのアトーンメントはわたしが責任をもつ」とイエスはいっています。わたしたちの役割は、それを受け入れるための準備をすること、投影を取り消し、スピリットを思い出すこと、つまり、ゆるすことです。

キリスト教において「アトーンメント」は、日本語では「贖罪《しょくざい》」「あがない」と訳されていて、自分の今までの罪を全部償って、神のもとに戻していただく、という意味で使っていますけれど、イエス・キリストはなぜ『奇跡のコース』に戻ってきたかというと、あの聖書の解釈は違うということをいうために戻ってきました。聖書のいっている「おまえの罪を償わなくてはいけない」というのは、あれは間違いだということをいいに来ています。

ですから、コースでいう「アトーンメント」は罪を償うことではありません。そうではなくて、エゴを見て、自分はだめだ、自分には罪があると思っていたけれども、そういうものはなかった、ということを受け入れて、自分の中にあるとは思えなかった本当の自分と「和解」することです。それが「アトーンメント」です。

でも、自分と和解するには、今までのすべてのこと、この巨大地震もそれ以外の否定したい出来事も全部、これは神がやったわけではなくて、わたしの幻想でつくり上げていたドラマだったのだとしっかり受け止めて、スピリットに戻る必要があります。そういう意味で、「アトーンメント」は、悔い改めて本当の自分と和解する、というふうにもいえると思います。

この言葉は訳すのが難しいですね。だから大内先生は、『奇跡のコース　第一巻／テキスト』の最後に、「あがない」とはこういう意味で、と註釈をつけていらっしゃいます。

本当の自分と和解するとは、つまり、今までしてきたことが全部幻想だということを完璧に受け入れて、全部受け入れて、そうだったのだ、本当の自分はスピリットだったのだ、エゴではなかったのだ、自分は神がひどいことをしていたと思っていた、そうではなかったのだ、ということを受け入れることです。もっとくわしくいうならば、エゴを受け入れて、スピリットに行きたいと思うことです。

これは自分のつくったドラマだということを受け入れて、スピリットに行こうとすることは、「ゆるし」でした。「ゆるし」をおこなうことによって、ホーリースピリットが神の子としての自分にふっと引き上げてくれます。アトーンメントは、ですから、「自分でする」というのではなく「おこなわれる」のですね。

よろしいでしょうか。

質問者21　はい。ありがとうございました。

質問者22（女） 先ほどの説明の続きをお伺いしたいのですけれども、アトーンメント、「あがない」というのは、テキストを見ると、「ゆるし」をずっとおこなっていったあとに降りてくる、発生してくるものだという説明があったような気がするのですけど、そういう解釈でよろしいでしょうか。

そうです。ゆるしというのは、スピリットに戻ることで、その戻ったときに、神の子として、神に引き上げられることです。アトーンメントが発生する、と書いてありましたか？

質問者22 わたしの解釈としては、「あがない」というのは、こちらが願ってやるものではなく、ゆるしの結果の現象だというふうな読み方をしたのですけれども。

そうです。そのとおりです。大事なのは、「わたしは本当にそれを望んでいるか」「怖がっていないか」と問いかけてみることです。そして、「あがないを受け入れられるように助けてください」と、ホーリースピリットにお願いすることですね。

ホーリースピリットと共に身体を使うと

質問者23（女）　『奇跡のコース』はそもそもスピリットにつながることを学ぶわけですけれど、そうすると、肉体をどうとらえればいいのかなと思うときが時々あります。肉体は真実ではないとわかったうえで、それでも肉体で体験することを純粋に楽しめばいいということなのでしょうか。

たとえば、五感で感じること、これは心地いい、不快だということも、日々、わたしたちの心の揺れに大きな影響があったりします。本当の喜びというのは、スピリットとつながった状態だったら、そういうものに関係なく、どんな状況下にあっても、喜びというのはわいてくる、感じられるもの、光が見られるものだというのはわかるのですけれども、そうしたときに、肉体を通じて五感で実際に感じることというのは、それは、本当のことではないとわかったうえで、楽しめばいいということなのか、その辺はどうなのかなと思うときがあるのですが。

五感の喜び、五感でとらえる快楽は、一時的なものだし、一時的なものだからこそ、わたしたちはそこに執着もします。おいしいラーメンは数分で食べ終わりますからね。数分で終わる快楽だから、かけがえのないものになるのですね。

そのようにすぐ終わるもの、そしてまた次に求めなくてはならないもの。おいしいラーメンの次は何ですか？　ちょっとお酒が入って、次、甘いものですか？　あ、逆でしたか。お酒の次にラーメン、それからやっぱりもう一軒、ですか？　そういうふうに、わたしたちは次々と求めていきますが、でも、この五感、この身体というのは、もっと大きな喜びのために使うことができます。すると、五感の感度が上がります。もっと大きな体験をわたしたちはできるのですね。

わたしたちがこの身体を弱いエゴの奴隷のようにして扱って生きるときは、身体がつれてこられる快楽なんて、たかが知れているものです。そしておいしいだの気持ちいいだの言っているうちに、病気になったりいろいろなことが起きたりします。

だけど、この幻想の身体を、ホーリースピリットと共に使う、ホーリースピリットに使ってもらう、スピリットの喜びをこの地上で表現するために使う、そのために大事にする、そのようにしていると、五感の感じ方が倍加すると思います。

五感にしがみついているうちは、五感はつかの間のものしか伝えてくれませんが、五感に頼る必要はないと思っていると、逆に五感は敏感になってきます。なぜならば、ホーリースピリットのメッセージは感覚を通じてやってくるからです。五感が、ホーリースピリットが教えてくれる光を感じるようになっていきます。だから、人と会うときの喜びも、触感でも、視覚でも、聴覚でも、それがつれてくる、教えてくれるものは非常に大きくなってきます。

そのように身体を使うといいですね。身体というのは幻想だからどうでもいいのだ、というのではなくて、幻想は全部、道具に変えられるので、道具として使われるように、いつも心がけていいたいです。

ホーリースピリットに道具として使っていただいていれば、身体のことを心配する必要はまったくありません。ホーリースピリットに使ってくださいと願いさえすれば、身体はそのままついてきます。

質問者24（男） ホーリースピリットに使われているときの身体と、そうではないときの違いというのはどういうものでしょうか？

ホーリースピリットに使われているときの身体は、自分が相手に愛を表現するために動きます。ホーリースピリットではない、自分が身体を使っているときは、自分を守ったり、相手を攻撃したり、相手にアピールするために使います。たとえば、関節があります。身体に関節はなぜあるのでしょう？　関節は動くためにあります。なぜ動くのですか？　エゴだったらこの腕で、相手をひっぱたくことができますね。でも、相手をひっぱたくために関節を使う代わりに、相手にやさしく触れてあげるために関節を使うこともできますね。これは、全然違います。

質問者24　歩いているときも？

歩いているときもです！　何のために、どこに向かって歩いているのでしょう？　お金を稼ぐために歩いている。あっちに行くといやなやつがいるから、逃げるために歩いている。あるいは、行って誰かに言い訳をしなくてはいけないから歩いている。こっちに行けば、「自分のためになりそうだから」歩いている。

質問者24　……ではなく。

ではなく、何のために歩いていますか？

質問者24　愛のため。

愛のため、というよりも、愛だから歩いている。愛が歩いている。歩いて、自分が表現されている。歩いて、コミュニケートしている。踊って、分かち合っている……。

わたしたちのすべての一挙手一投足は、愛が愛を表現しているか、あるいは怖くて、その恐怖心を守るためにやっているか、そのどちらかです。トイレに行くときでさえ、愛とともに向かえます。

つまり自分がキリストであって、すべての人がキリストであって、そこで自分というキリストの光がこうして動いて、いろいろな人と会って、いろいろな光を目撃しています。それだけです。目撃しているよ、ということをいろいろなふうに表現し合いながら過ごしています。

だから身体を使って、自分をアピールすることもないし、おつむでアピールすることもないし、あるいは脚線美でアピールする必要もないわけです。

質問者25（女）　シェアしてよろしいですか？　たまたまうちの親戚の牧師さんがこの間、亡くなったのですけれど、病院に行って、生きていると思ってこう手を握ると、亡くなっていました。死に目には会えませんでした。

癌だったので苦しかったのですが、身体の痛みは全然伝えなくて、亡くなるちょうど10分前に、ありがとう、とわたしたちに言っていたという話を聞きました。その前にお見舞いに行ったときのことを、そう言っていたと。そうやってスピリットになりきったときが、ただ愛を伝えるということですよね。

そうですね。

質問者25　たまたまそれを体験したんです。安らかな顔で、まだ生きていると思ったら、もう死んでいたという感じで、その場がすごく穏やかで、そこは愛そのものでした。

身体を動かさなくても、それほど大きなギフトを分け与えることができるということですね。すばらしいです。

質問者25　たまたまそういう体験がこの間ありました。

ありがとう。シェアをありがとうございます。

『奇跡のコース』がわたしたちに教えてくれるもののひとつで、とても大事なことが、明晰な目をもつということです。明晰な目をもつというのは、何を体験してもそれを正しく見るということですね。これはいったい何なのか、ということをちゃんと見ることです。

ものを見る基準がわかっていないと、どう見たらいいかわからないし、どう考えたらいいかわかりません。政治経済が動いても、なんだかわたしにはよくわからない。何か犯罪があって、「どう思う?」と聞かれても、よくわからない。怒ったらいいのか、悲しんだらいいのか、かばったらいいのか、よくわからない。「あなた、どう思う?」あるいは「雑誌になんて書いてある?」と言って、ああ、そういうふうに思えばいいのか、と思う。

そういうふうにやっていると、いつまでたっても自分の基準がないものですから、不安ですね。基準というのは、ただひとつです。そして、つねに選択はふたつあります。スピリットで見るか、エゴで見るかのどちらかです。

身体の痛みを訴えるか、ありがとうと言うかも、選択ですよね。そのときにどちらを選択してもかまわないけれど、では、自分はどちらを選ぶかということを、つねに自分に問いかけることですね。

お仕事をなさっている方々、お仕事中に、「ああっ！」と思うことがあったとします。「まずい！」と思うことがあったとします。「これではいかん」と思うことがあったとします。そのときは必ず震えています。それから部下や上司に不満があるとき、これも自分が震えています。人のだめなところが見えるときというのは、自分のことをだめだと思っています。自分の無力感が出てくると、人の悪いところが目につきますね。「ここが足りない。なぜあの人、こうやってくれないの」と思うときは自分の無力感です。それから、「ああ、たいへん」と思うときは、自分が崖っぷちのところに来ているから、そう思います。

そういうときは、自分は今、スピリットをまったくどこかに置き去りにして、エゴに来ているなということにすぐに気がつくのがいいですね。そしてここで自分は相手に要求する必要はない、それから、反応する必要はない、ということを思い出します。

奇跡はすべての面で起きている

自分を守らなくていいということです。これが基本です。自分は守らなくていいんです。ですから、これからどんな理由があっても、言い訳というものは一切する必要がありません。釈明する必要もありません。

「あのときのあれは誤解なのよ。わたしはこうだったのよ」と言う必要はないんです。自分の気持ちは、自分の心が正されれば、相手に通じますから、言い訳もいりません。守ろうとするために、言い訳が口をついて出そうになったり、守るために何か行動にばっと走りそうになったりしたら、そこで1回ストップするといいですね。

自分を守らなくていい、という、その奥にあるのは、仕事にしろ何にしろ、これをやるのもやらないのも自由なのだ、ということを思い出すことです。わたしたちはとくに仕事だったりすると、これは死んでもやらなくてはいけないことだ、とか、これはもう人に迷惑をかける、とか、これは絶対に！　と自分で自分を追い込みます。どちらでもいいんです。どちらでもいいという、完璧に自分の自由なのだ、ということを思い出すことです。

わたしたちは社会に自分を適合させるために生きているのではありません。自分の心のスピリットの天国を地上で表現するために生きています。そのときにはそのように思い出して、立ち止まることです。

そして、相手のスピリットに心の中でハローとあいさつを送ることです。そうすると相手も落ち着きます。自分も落ち着きます。また、相手のスピリットにハローと呼びかけることで、スピリットの存在を思い出すことができます。つまり自動的にホーリースピリットの存在も思い出すことができます。

さまざまな局面というものがありますけれど、そのように思い出すと、物事というのはその瞬間にベクトルが変わります。ビジネス上の大きなことから細かいことまでもそうですし、人間関係もそうです。

質問者26（男） ゆるしのレッスンの中で、たとえば、はじめて出会う人ではなく、よく話をしたりする仲間であったり友達であったりする中で、こっちの人はすぐゆるせるけれど、こっちの人はちょっとゆるしにくい、時間がかかったりしてしまう、ということがあります。こっちの人のすることはなんということはないのだけど、こっちの人がするとすぐ目についてしまうということも。

そういうこと、あるでしょうね。

質問者26 まずこれをお答え願えますか？

手ごわい相手というのがいますね。手ごわい相手というのは、たとえば自分に近い人ほどいるかもしれないし、近い人だからというわけではないということもあるかもしれません。

わたしたちは、大好きな人、いい人だなと思っている人、それからそんなに好きではない人、大嫌いな人、と、こういう種類の人たちを見ています。【図9・157頁参照】

A、B、C、Dの人がいて、わたしたちは、この上から2番目、Aさん、Bさんとは仲良く過ごせます。大好きだし、いい人だと思っているのですから、もちろんそうですね。Cさんも、あんまり好きではないけど、それほど脅威には感じていないので、時々会うくらいだったら、まあ、ゆるせるみたいな感じです。Dさん、この人とはうまくいかなくて、この人といると本当に心が揺れてしまいます。

こういうふうに対人関係があるとすると、ここで自分をいちばん救ってくれる人というのは、AさんとDさんです。Dさんは好きではないので、心が揺れるからなんとかしなくてはと思うし、Aさんは大好きなので、失いたくないと思っているから、やはり心が揺れます。いちばん恐怖心を味わうのはAさんとDさんです。

そうすると、AさんとDさんは、自分を見せてくれて、わざわざ、「ほら、きみの心は震えているね」ということを見せてくれて、「震えなくていいんじゃないの」ということを教えてくれて、「ぼくたちの、わたしたちの、もっと向こうのスピリットを見て」ということを教えてくれています。「わたしを見てワークしてちょうだい」「わたしを見てレッスンに使ってください」というふうにいってくれています。ですから、うんと感謝して、レッスンをさせてくれているんだね、と、この人の向こう側を見るようにワークします。「Dさんの本当のスピリットにつながらせてください」「Dさんの光を見せてください」「Aさんの光をいつも忘れないようにさせてください」「Aさんへのときめきに流されないようにしてください。たとえときめいても、愛がちゃんとここにあるように助けてください」これをお願いすると、Aさんとの関係はもっとよくなるし、それからDさんとの関係も変わります。

わたしたちは、Dさんとの関係がよくなったときに、奇跡が起きたというふうにいいますが、Dさんとの関係がよくなるとき、Bさんとの関係も、Cさんとの関係もじつは変わってきているはずです。でも、あまり気にしていないから見ていないだけなのですね。

奇跡というのは、ひとつのところに起こるとき、じつは全部に起きています。でも気にしているところに注目しているから、そこに何かが起きたように思います。そのとき、誰かひとりの人が変わったように思うけれども、変わったのは自分です。

Aさん、Bさん、Cさん、Dさんには違いがなくて、自分が変わるために誰かが来てくれています。それを自分が受け入れるかどうかの問題です。ですから、この人のことはま

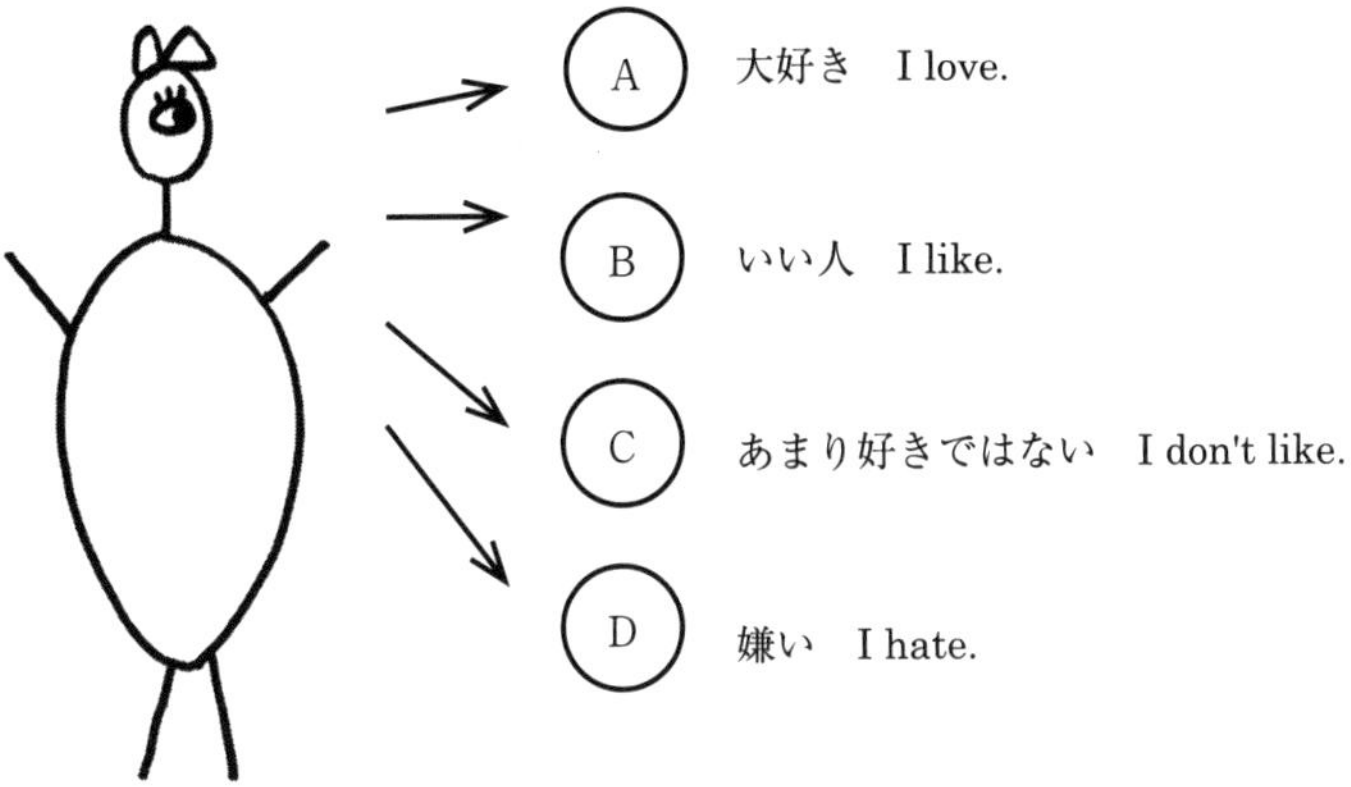

ふたりの間に愛を見るとき、ふたりの間に奇跡を目撃する

ふたりの間に何を見るか

図9

ああだけど、この人のことはだめなのはどうしてだろう、と考える必要はありません。

奇跡は分かち合うもの

質問者26 テキストに、奇跡と啓示の違いのようなことが書かれてあったのですけれども、その違いを教えていただけますか？

啓示というのは、神を感じることといっていいと思います。いつどこでそれが起こるかわかりません。啓示というのは自分の心に入ってくるものです。

奇跡というのは、「今ね、自分の心に奇跡が起きたんだよ」と言っても奇跡にはなりません。「ああ、よかったねえ」それで終わってしまいます。奇跡というのは人と共有しなくてはいけません。そして奇跡はいつでも見られます。

質問者26 共有？

啓示というのは、自分の心が受け取ることですが、奇跡は必ずふたりが共に「そうだね！」と見ることとです。自分ひとりで「奇跡だ、奇跡だ」と騒いでいてもしかたがないわけですね。「本当だ、奇跡だね」と分かち合うことです。啓示より奇跡を求めましょう。

奇跡を分かち合うということは、AさんからDさんまでの4人と自分、それぞれの関係がありますが、この関係をどのようにするかというと、それぞれの間に何を見るかが大事になってきます。自分はこの大好きなAさんとの間に何を見たいのか、嫌いなDさんとの間に何を見たいのか。ふたりの関係の間に何があるのかを、選択することですね。誰との間にも愛を見たいと思っていれば、ふたりの間に奇跡は必ずかたちとなって現れます。ふたりの間で奇跡を見なければいけません。

質問者27（男）　幻想はホーリースピリットの道具として使えばよいというお話がありましたが、ということは、幻想はなくすべきもの、忌むべきものと考えるのではなくて、幻想はあってもよいと考えていいのでしょうか。

はい。なぜかというと、あってはいけないと思っても、どちらにしろ見てしまうものだからです。身体は幻想だからなくてもいい、と思っていても、顔は洗うでしょう？

質問者27　ヨガの行者で、修行していくと身体を消せる人がいるらしいという話があって。

それが目的ですか？　そうなったらいいなと思いますか？

質問者27　幻想だということは、なくなるべきなのかな、という疑問があったのでお聞きしました。では、幻想があってもよい、幻想があることをゆるしていいわけですね。

そうですね。なぜかというと、ゆるすもゆるさないも、どうジャッジしようが、自分の心の状態は受け入れるしかないからです。エゴと闘おうとすること自体が、エゴをリアルにします。あってはいけないのか、というより、ないからいいんです。

質問者27　ということは、幻想である肉体もあっていいと。

ないから、幻想を見ていても影響はないです。身体はどうせ存在しないのですから、あると思おうが、ないと思おうが、どちらにしろ存在していません。見えても、それは幻想だから、何でもないんです。幻想が自分たちに対して何かをおこなうということは絶対にありません。

質問者27 あの、どうしても幻想があると思ってしまうのですけれど。幻想だという考えもありつつ、そう感じられない自分もあって、どうしようかな、みたいな。

あると思うからリアルに見えてしまいます。

身体なんてないのだから、わたしはこの壁だって通り抜けられるはずだ。でも、ほら通り抜けられないではないか、といっているのは、エゴです。「ほら見ろ。身体はリアルだ」と、これはエゴがいっています。エゴ側に立てばそうなりますね。

質問者27 ないのだから、たとえば壁を通り抜けようとすることを、試してみようということ自体、ナンセンスだと。

そうですね。つまり、試さなければ受け入れられないというのは、神を試しているのと同じです。試すというのは、エゴの姿勢です。これで試してうまくいったら、そうなのか、というふうに思うのはエゴだから、絶対に試してもうまくいきません。おうちで壁にぶつかるくらいなら打撲ですみますからまだいいですけど、ビルから飛び降りてみようなんてしないほうがいいです。エゴは壁にぶつかると、あざを作って、「ほら見ろ、ほら見ろ」とやりますよ。

輪廻転生という概念

質問者28（男） 肉体はもともとないということですけれど、そうしたら、輪廻転生とか、生まれ変わりというのもないのでしょうか。それについてコースでは触れていますでしょうか。

はい、触れています。輪廻転生はあるだろうか、と、触れている頁があります。これは『教師のためのマニュアル』の中にあります。

「身体がこの現世だけで終わらないという観点からみれば、身体というのはいくらでも生まれ変わる、つまり、あなたはあなたのその身体ではないことを受け入れるには、とてもいい概念だ」といっています。

つまり、わたしはここにいますけれども、この身体と共にいるように見えますけれども、わたしに前世があるならば、わたしというのはこの身体ではない、という証明になります。その意味では、いい概念だといっています。

でも、時間というものは存在しません。だから、いろいろ輪廻転生を繰り返して、今、わたしはここにいて、また来世に行く、というのは、それに照らし合わせるとおかしな話になります。ですから、究極的には正しくありません。

前世のリーディングをするとき、あなたは昔こうでしたね、ああでしたね、だから今のあなたはこうなのですね、という、先ほどの「原因と結果」の過去を申し上げているわけではありません。今、その方の意識が、どの人のどの人生のエネルギーとつながっているか、ということなのです。だから5千年前のエネルギーとつながることもあるし、ときには来世のエネルギーとつながることもあります。なぜかというと、来世も過去世も今同時に起きているからです。そして、つながって何をしているかというと、何かを与えてもらっています。

わたしたちは気がつかないでやっていますが、じつはそのようにして与えてもらいながらやっています。それをたとえば、わたしが目撃して、それをご本人にお伝えして、ご本人の意識にちょっとインプットすることが役立つことがあるわけです。だから、リーディングの結果、今が目覚めて、「ああ、そうか！」と思って変わるし、同時に、過去も未来も救われて、変わるのです。

つまり、輪廻転生というのも、わたしたちの過去が幻想だというのと同じく、究極的には存在していません。幻想です。でも、その幻想をホーリースピリットと共に役立てることができます。今の愛のエネルギーを出すということのために役立てることができるのです。同様に、身体も幻想です。そして身体も、ホーリースピリットと共に役立てることができます。

質問者28　ちょっとわかりにくいのですけれど、過去をリーディングするということは、過去や未来もあるといえばあるけれども、時間というものがないので、同時に存在しているという感じでしょうか。

はい。意識の中で同時に存在しています。

質問者28　時間に従って、何百年前に生きていた、何十年前に生きていた、今に至っている……。

そんなことはないです。

質問者28　百年後にどこかに生まれてくる、ということではなく。

そうではありません。

質問者28　えーと、それが同時にある。

はい。同時にあるということです。

質問者28　あの、それぞれの個別意識がありながら、同時に存在しているのでしょうか。

個別意識というのは、実在はしていません。

質問者28　たとえば、過去で何かやって、それが今に影響しているとか、ふつう、時間があれば考えますけれども、そうではなくて、あのとき何かやった自分というのも……。

影響しているというふうに、今、考えています。今、自分の中で、その過去の出来事が起こっているわけです。そうすると、今考えている自分、今考えている過去の出来事が、明日にも持ち越されます。そのようにエゴは過去を引きずって生きていきます。でもそんなものはじつはありません。

質問者28　………。どういうふうに存在しているか、というか、もともとそういう区切られた自分というのはないということなのですね。

はい。ありません。

質問者28　では、過去や未来が同時に存在しているというのも、区切られた自分というのをつくっていることになるから……。

過去と未来が同時に存在しているのではなくて、過去も未来もなくて、すべての意識は今しかないということです。

質問者28　考えてみます。

はい。お考えになってみてください。

エゴは存在しない、過去も存在しない

質問者29（男）　怒りのエネルギーがあるのではないというふうに聞いたと思うのですが、そのことと、怒りをもつことで関係を維持したいということと、怒りや悲しみを使って愛を要求しなくてもよい、ということの整合性がつきません。どういったらいいかな……。エゴというのは結局、愛と対立しているわけですね？

はい。

質問者29　対立しているのになぜ関係を維持したいのですか。怒りをもつことで、誰と関係を維持したいのですか。

怒りというのはエネルギーがないんですね。

質問者29　エネルギーではないのですか。

エネルギーではないです。怒りのエネルギーなどというものは存在しません。神のエネルギーしか存在しません。神しかないんです。その他のものは一切存在していません。存在しているのは、ただひとつのもの。ただひとつのものだから、それは自動的に、必然的に平和で、安定していて、調和がとれています。だから、どんなにそれは違うというその思い込みで幻想を見ても、その調和と愛と平和に戻ろうとするエネルギーはつねに働いています。

わたしたちは調和と愛と平和のエネルギーをものすごい力、ばか力でもって、なんとかエゴに使おうとして疲れきっているわけです。なぜならば、それを受け入れるのが怖いからです。でも、わたしたちのエネルギーというのは調和に行く力、平和、ワンネスの経験に向かおうとする力なので、愛し合いたい、わたしとあなたは同じねということを確認したい、というエネルギーは絶対に消せないものなのです。

そのエネルギーを素直に使わないで、ねじって、怒りや心配や悲しみや、苦しみや痛み、疑い、嫉妬、そういうものにして表現しようとしているのがわたしたちです。

質問者29 その「わたしたち」というのはエゴですか？

はい。そうです。

質問者29 エゴは、対立しているわけですね。

対立しているつもりでいますね。

質問者29 つもりなわけだから、関係を維持したいはずがないわけでしょう？ 対立しているのだから。

そうですね。エゴは、もちろん、自分はおまえとは違う、自分はおまえを嫌いだ、そういうふうにいいます。でも、そうやって何をしているかというと、じつはつながろうとしています。

質問者29 そうなんですか……。対立しているから、愛を要求しなくてもいいわけでしょう？

対立というと、ちょっと違いますけれど。エゴとスピリットが存在するのだったら、お互いに対立していますね。でも、エゴは存在していないのだから、対立のしようがありません。

質問者29 エゴが幻想だから？

はい。

質問者29 では、エゴはなぜ存在しているのですか？

エゴは存在していないんです。

〈会場　笑い〉

エゴは存在していません。
ここのところは、ちょっと混乱するし、難しいですね。でも、これがコースの基本です。エゴは存在していません。いつから存在しているのですか、と聞かれても、過去はないので、今も存在していません。たった今、ここにその幻想を見るか否か、それだけです。

質問者29　……………。はい。ありがとうございました。

〈会場　笑い〉

考えてみてくださいね。

与えられた材料を大事に使う

質問者30（男） 結婚とは何ですか？

すべての関係というのは、わたしたちは同じね、ということを確認し合っていく関係です。ですから、特別な関係というのは、あり得ないわけです。

Aさんは大好き、Bさんは嫌い、というのは、自分が勝手にかぶせたものです。わたしたちの関係というのは、それが本当の関係であるならば、すべてが全部クリアな本当の関係になっていきます。そうすると、自分の奥さんだから、自分の夫だから、という関係というのはなくなりますね。

わたしたちは、たとえば日本人として、今、２０１１年、ここにいます。そして3月11日の地震も共に経験しています。これが、わたしたちが与えられた材料です。この与えられた材料の中に、近くに来た異性という材料、そしてそこで親しくなるというチャンスなどがあり、いろいろなきっかけがたくさん集まってできたこの関係が材料になります。そしてそれが適齢期だとか、いろいろな理由で、じゃあ結婚しよう、となる。これも材料です。そうしたら、その材料を大事にしていくことですね。

ただひとりのソウルメイトに出会うか出会わないかがすべて、人生はそんなものではありません。今ある材料を大事にしていくことです。そして、自分でその材料を変えたり、材料のかたちを変えたり、顔ぶれを変えたり、そんなことをいろいろする必要はありません。

材料はいじる必要はないんです。材料は与えられますから。

たとえば、料理をするのに冷蔵庫を開けて、この材料では何もできない、といって買い物に出かけていくのと同じように、自分には何もない、と、わたしたちは出かけていきます。あっちに行かなくてはいい材料がない、といって、出かけていくのですね。でも、そうではなくて、自分の材料でおいしいものが作れます。

そうすると、そのおいしいものをわたしも食べたいわ、あの人にごちそうしてあげたい、となって、やがて材料は自然に増えていくし、グルメにもなっていくかもしれません。

これでお答えになっているでしょうか。

質問者30　はい。ありがとうございました。

【瞑想】お互いのスピリットを目撃し合う

今回は2日間の予定が、交通機関の混乱で1日セミナーになってしまったことと、それからとてもいい活発なご質問をいただいて、そのシェアリングがとても楽しかったので、あっという間に終了間近の時刻になってしまいました。

スピリットを見る訓練をこの場でぜひやっていただきたいと思います。

スピリットからスピリットに心を向けると、その向けた相手の方のスピリットが感じられることがあります。必ずあります。そしてその方のスピリットがこういうものをもっていることを、その方は必ずしも自覚していらっしゃいません。ほとんど自覚していらっしゃいません。だけど、もうひとりの目撃者が、その方のスピリットにハローと声をかけてつながれば、つながることによって、その方のエゴで止まっていたスピリットが、喜んで飛び出してきます。つながれば、必ず喜んで飛び出してきます。それを受けて、何が、どんなものが出てきたのか、受け止めてあげてください。

それを受け止めると、ああ、この受け止めたエネルギーは今、わたしにこそ必要だったものだということにも気づけます。つまり、今ここでふたりがペアになってやることの意味が、本当にあるのだ、偶然ではないのだ、ということがわかります。それを見合ったふたりはどのように感じるかというと、まるで未来を占ってもらったように感じることがあります。なぜかというと、これは未来を占っているわけではなくて、今ここにあるエネルギーをまっすぐに見ているだけですけれども、この今のわたしというのは、先ほどから繰り返しているように、過去に生きています。過去に生きているので、今のわたしを未来に感じることが起きます。でも、本当は今の自分です。今の自分を目撃してもらうことによって、10年後かもしれないと思っていたことが、今、実現することが起こります。

それで、お互いのスピリットを目撃し合うことをやりたいのですが、この会場には練習を重ねている方々が大勢いらっしゃるので、その方々にはもう少し課題を出したいと思います。目の前の方のスピリットを今、見る。そして目の前の方が次に経験することは何か、ホーリースピリットに聞いてあげてください。その方のエネルギーがどんなふうに動いているかを見てください。こういうふうにエネルギーが動いているその方の人生に、次に何が起きるかを具体的に聞いてあげてください。それができるということをわかっている方が大勢いらっしゃるので、わたしのセミナーでこの練習をもうすでにやっていらっしゃる方々は、それを見て差し上げてください。そのリーディングをわたし、します、という方、何人くらいここにいらっしゃいますか？

〈会場　該当者が挙手する〉

今、手をあげた方と組みたいと思う方は、その方のところに行っていただけますか。手をあげた方同士、集まらないようにしてくださいね。その他の方は向かい合ってペアを組んでください。イスを動かして、ペアを作ってください。

〈会場　各自イスを移動する〉

会場２（男）　すみません。今、手をあげた方って、ひとりしか受けつけてもらえないのですか？

ひとりずつです。

会場２　ひとりにひとり。

はい。そうです。

会場2　はい。わかりました。

大丈夫ですよ。どなたとでもやってください。手応えは必ずありますから。

ペアになりましたか。なりましたね。

では、最初にお名前をお互いに交換し合ってください。

お名前を交換したら、軽く目を閉じて、瞑想の姿勢になります。

背骨をまっすぐに伸ばして、先ほどと同じように、天上から1本の長いラインが降りてくるのを心の目で見てください。ラインは、頭のてっぺんにたどり着いて、首の真ん中、背骨を通って、そのラインがずーっと地下にもぐっていきます。このラインを通じて、心の中にあるもやもやしたもの、いろいろな雑念が落ちていきます。

目の前に数字のゼロ、ゼロという文字が浮かんでいるのを想像してみてください。これはご自分のエネルギーの認識度ゼロパーセントということを表しています。

今、何も見えていません。ゼロです。これから数字を上げていきます。数字が上がっていくと、認識度も上がっていきます。よろしいですか？

数字が20に変わりました。20という数字をきちんと心の目で見てください。はっきりと見えなくてもかまいません。ぼんやりとでもいいですから、20という数字をとらえてください。そうすると、ご自分の身体のまわり、先ほどまでただの空気だったところに、何がしかのものが、感じられるようになっているかもしれません。意識を身体の内側から外に出して、たとえば両肩のまわりのあたりに置いてみてください。

なんとなく、なんとなくご自分がふっと大きくなったような、あるいは空気以外の何か、重さのあるものが何かそこに存在しているような感じが生まれてくるかもしれません。生まれてこないかもしれません。どちらでも結構です。ご自分で感じていなくても、それはあるのだと思ってください。感じられているかどうか判断したい、その誘惑の気持ちを、ラインを通じて落としてください。判断せずに、「よくわからないけど、20パーセントなんだな」と受け身になってみてください。

今度は数字が40になりました。数字の40。その40という数字とともに、周囲のエネルギーの感じられる範囲が少し広がるかもしれません。

ポイントは、意識を身体の外側に出すということです。身体の正面、そしてうしろ側、左右、頭上、足の下。意識をそこにもっていくと、そこまで広がる感じです。

エネルギーの認識度を60パーセント。さらに範囲が広がりました。

どうでしょう？　半径にして1メートル、2メートル。3、4、5メートル。ご自分が心地よく楽しくイメージできるサイズで結構です。ふんわりした感じ、してきましたか？

あるいは、ぼんやりした感じでしょうか？

今度は80パーセント。大きな球体の中にご自分の身体が浮かんでいるようです。四方に意識をめぐらせてみてください。

そして最後、100パーセント。もうひとまわり、大きなエネルギーの球体、風船のようなエネルギー体を感じられるかもしれません。「何も」という方は、その「何もない」

という状態を見ていてください。

ご自分が身体の中に包まれて存在しているものではなくて、少なくともこのように大きな球体に広がっているエネルギー体だと感じる、あるいは思ってみてください。このエネルギー体の中には、ご自分が道具として使えるさまざまな情報があります。そしてこのさまざまな道具は全部ご自分のスピリットのエネルギーに支えられています。使われずに待っている道具、それから、そこにあるのにまだ見つけてもらっていない道具があります。

まず、この道具がここにあることを受け入れなくてはいけませんね。今わたしたちが見ている球体というのは、ああ、自分はこんなに大きな道具箱を持っている、たくさんの道具があるのだ、ということです。それが何かはまだもちろん見えません。でも道具箱の存在には気がつきました。

では、ホーリースピリットにごあいさつを送って、こちらに来てもらうことを少し時間をとってやってみます。

ホーリースピリットはご自分の中にいます。または、ホーリースピリットの中にご自分がいます。自分とは、身体にではなく、ホーリースピリットに住んでいる存在なのです。でも、たった今、自分の中にホーリースピリットが存在している、あるいは、自分がホーリースピリットの中にいるとは、感じられていません。ホーリースピリットは、はるかかなたに遠ざかっているように思えます。どちらでしょうか。前方、斜め前方でしょうか。それとも後方でしょうか。どちらにしても、はるか遠いところにいらっしゃいます。

姿も見えないそのホーリースピリットに、ごあいさつを送ってください。そして、ゆっくりご自分のほうに近づいてもらってください。お願いしてください。お願いすると、近づいてきてくださいます。

慣れていらっしゃる方、あるいは敏感な方は、近づいてくるにつれて、ご自分のエネルギーに影響がくる、その感覚がわかるかもしれません。ゆっくり近づいていらっしゃいます。そしてご自分のエネルギー体に入っていらっしゃいます。そしてご自分が、ホーリースピリットに包まれてしまう、あるいはご自分の中心にホーリースピリットがすっぽり入ってしまう感じがするでしょう。

ホーリースピリットと一緒になった感じがするかもしれない。よくわからないかもしれない。よくわからなくても、自分の意識はまだキャッチできないけれども、今ホーリースピリットはここにいらっしゃるんだ、というふうに思ってください。

このホーリースピリットと共にいる感覚というのは、ものすごく繊細な感覚です。ですから、心がざわざわしているときにはとても感じられません。心が鎮まるとホーリースピリットがいらっしゃるこの感じがよく観察できます。とてもやさしくてソフトで同時にパワフルです。

なにか下腹部のほうがあたたかくなる感じ、そういう方もいらっしゃるし、胸の中に光が灯ったようだと感じる方もいらっしゃいます。他にもさまざまな感じ方があると思います。

ホーリースピリットにこれから自分が体験することを、自分が受け入れられるように助けてください、信頼して受け入れられるように助けてください、そのようにおっしゃってください。

お願いしたので、必ず信頼して受け取れるようになります。いいですか。お願いしたからです。ご自分の能力などというものとは、まったく関係ないことです。お願いしたので、受け取れます。

そうしたら、パートナーとなった方のスピリットに、心の中でごあいさつを送ります。まだやらないでください。

送ったら、ただちに相手の魂は、スピリットはお返事をしてくださいます。そのお返事をしてくださったものを受け止めてください。どんなふうにそのお返事を感じるか、よーく観察します。

そのお返事には、「わたしはあなたです。わたしってこんななのよ」と、そういうメッセージが含まれています。その、こんななのよ、という表現を受け止めてください。

もしそのメッセージがあまりにも抽象的すぎてわかりにくかったら、そのときはもう1回その人のスピリットに聞きます。「これはどういう意味ですか?」そしてその方の魂がどんなふうに動いているかを受け止めてください。それを同時に、お互いにやります。

もしもう少し、一歩進んでできる方は、この方が具体的にどんな経験をなさろうとしているのか、それも聞いてください。よろしいでしょうか。

ホーリースピリットに受け取れるように助けてください、とお願いしたので、受け取れますから、どんなメッセージが来ても、どんなイメージが心に浮かんでも、どんな突拍子のないものが来ても、それを却下しないでください。

そしてもうひとつ、却下しないのと同時に、あ、これはこういうことね、というふうに飛びついて、あわてて判断しないでください。

そのイメージの中に富士山がそびえていても、「富士山」というふうにしないでください。富士山の向こうに沈む夕日のほうに意味があるかもしれないから。何が見えても、ゆっくりその絵を見て、感じてください。あるいは言葉、感覚、五感のさまざまなものが使われて、メッセージが届きますから。よろしいでしょうか。

ホーリースピリットと共にいます。そしてホーリースピリットにはもうお願いをしました。はい、では、パートナーのスピリットとつながってみてください。どうぞ。

〈会場　ワークが始まる〉

自分の考えが、繰り返し繰り返しめぐってくると思います。考えが来たな、と思ったら、それに飛びつかないで、それと闘いもせず、考えが来て、また去っていくのを見ていてください。考えはどうでもいいです。メッセージを受け取ります。

〈会場　静かな中で、ワークが続けられる〉

わたしたちはみんなひとつです。ひとつにつながっています。けれども、わたしたちがつくり上げた幻想というのは、本当に千差万別です。怒りといっても、さまざまな怒り、さまざまなかたちに、さまざまな高さに積み上がった怒りです。ホーリースピリットと共にこれを見ると、今度は千差万別の色彩豊かな輝かしい道具の数々になります。

その相手の方がどんなお道具を持っていて、今そのお道具をどんなふうに使えるときが来ているのか、練習を重ねると、そういうものがクリアに見えてくるようになります。

今その第一歩かもしれませんけれども、その方のスピリットの光がどんなふうに見えるか、どんなふうに感じられるか、それだけつかまえてあげてください。

〈5分経過〉

はい。そろそろよろしいでしょうか。

ゆっくり目を開けてください。メッセージがなんだかよくわからなくても、ご本人にはわかるかもしれませんから、自分で取捨選択をせずに、感じたことはすべてお伝えし合ってください。どうぞ始めてください。

〈会場　にぎやかにシェアリングが始まる〉

〈10分経過〉

では、まだお話し中かもしれませんけれども、ちょっと中断してください。よろしいでしょうか。どうでしたか？　手応え、ありましたか？

会場3（男）　楽しかった。

はじめて経験なさった方、やってみて、まずご自分が、お相手の方のスピリットを感じるということについて、手応えがありましたという方、どのくらいいらっしゃいますか？

ああ、ほとんどのみなさんですね。

それから、ご自分が言ってもらったこと、メッセージを伝えてもらったことに関して、ああ！　という経験をなさった方は？　……。こちらも大勢いらっしゃいますね。

あなたはどうでした？

会場4（女）　それがどういうことを意味しているのかというのは、あまり……。

まだわからない？

会場4　わからないけれど、期待がもてる。

今の練習でご質問のある方、こういう経験したけど、どうですか、という方、いらっしゃいますか？

会場5（女）　先生がホーリースピリットにつながってください、といわれる前に、わたし、感じてしまって、そして、感じてこうなのではないかというのが見えて、そこから始まってしまったのですけど。

いいですよ。大丈夫です。他にご質問、ありますか？

スピリットを感じるとは、新しい言語につながること

会場6（女）　ホーリースピリットに、これはどういう意味ですか？　と何度もお尋ねしているのですが、あのー、相手の方に伝える言語が見つからない。

そうですよね。

会場6　そこのもどかしさというのですか。そこでなんとかつじつまを合わせようとするのですが、それは違うということがわかっているので、ひたすら、それはどういう意味で

すか、と。それは言語として伝えるにはどうしたらいいのか、ということで、それをひたすらしているのですが、そこら辺のことはどうしたらいいのか……。

そうですね。スピリットを感じるということは、新しい言語につながるということです。レモンの味を感じることは誰でもできます。でも、新しく感じるスピリットのメッセージを受け取るというのは難しいですね。わたしたちにははじめてのことだからです。それを自分のお道具につなげて話すわけです。たとえば、日本語という道具とか。

だから、そのときに、わからないこの感じ、言葉にできないというその感じをちゃんと受け止めるという、この姿勢を培《つちか》うことが大事です。メッセージは、エゴが「わたしはこのように解釈しました。自信もっています」というふうに伝えるものではなくて、「ホーリースピリットにいただいた答えは、やさしい陽だまりの、あの感覚に似ているように感じました」というように、正直に伝えてみてください。

エゴは今わかりたい、今どうなんだ、ということばかりです。今わからなくてはお話にならない、今何をすればいいのか言え、というのがエゴです。エゴは、いつも戦々恐々としているのです。だから、わからないけれども受け止める、という姿勢を培っていくと、感じることも、なぜかわからないけれど、受け止めてみようというふうになります。受け止めてからゆっくりとそれを言葉にするのを、ホーリースピリットに助けてもらっているうちに、言えるようになります。そうすると、『奇跡のコース』を話したイエスの気持ちがわかるようになってきます。『奇跡のコース』、わけがわからないでしょう？　わけがわからないなんて言ってはいけないですね。

〈会場　笑い〉

最初に言いましたが、コースがなぜ難しいかというと、何をしろということをいっていない、比較でしゃべっていない、だからわかりにくいのですね。

メッセージを伝えるときに、何をしたらいいか伝えなくてはいけない、比較でわかりやすく言わなくてはいけない、合理的にちゃんと言わなくてはいけない、「てにをは」を間違えてはいけない、そういうことを思っていると、メッセージは全部行ってしまいます。だから、ぽつんぽつんと、単語のつらなりでもいいかもしれません。ただひとつ、信頼があれば、「これが出てきました」でもいいかもしれないし、「何かがゆらゆらと踊っているような感じです。ゆらゆらと揺れてとっても楽しそうでしたよー。もっと揺れていたかったた感じですよー」という、そういう表現もあるかもしれません。

それから、たとえば富士山が見えました。そのときに、「富士山ですね」ではなくて、「富士山が見えてどうかなあ。あ、夕日が落ちている。なぜかこの夕日がこちらのほうに、左のほうにずっと伸びているなあ。すごい伸びているなあ。何か夕日がかーっと伸びているこの感じだな。そこになぜか惹きつけられるな。何の意味だかわからないけれど」そういうことをちゃんと受け止めて、そういうふうに伝えることです。

会場7(女) たとえば、外で踊っているんですね、相手の方が。で、ピアノの音が聞こえるんです。野外だからピアノの音はないのにと思うけど、もうそのまま伝えればいい。

そうです。野外にはピアノの音はないはずだというのは、自分で思っているだけの常識ですから、それを怖がらないで、とんちんかんなことを言うかもしれないという恐れを見て、ああ、恐れなくていいのだな、と思うことですね。たとえば、相手の方が、テレビコマーシャルの制作者で、ちょうどピアノのコマーシャルを作ろうとしている。それで、「あぁそう！ 山の上でピアノを弾くなんて、すてきなアイデアですね！」とか、「ぼくの考えていたアイデアとぴったり同じです。ありがとう！」とおっしゃる場合だってあるかもしれないのです。

会場8（女）　まず相手のスピリットにごあいさつをして、「あなたはだあれ」とお伺いしたら、「あなただ」という返事がありました。「わたし？」と聞いたら、「同じなのよね」とスピリットがおっしゃったの。どういうことかしら、と思いながらシェアしたら、わたしたちふたりで、同じビジョンを見ていました。わたしと彼とまったく同じビジョンです。

それぞれに、同じビジョン！　すばらしいですね。

会場8　「同じよね」と、わたしが思いますでしょう？　そうすると、「同じなのよね」と言うんです。「あ、そう、同じなのね、ふーん」と思って、「で、何が？」と聞くと、「教えるのよね」と言うから、「あ、教えているわよね、わたし」と思って、「何を？」と聞いたら、「こうなのよね」って。「それを見せて」と言って、わたしは見ていました。そして彼がさっきシェアしてくださったときに、聞きながらもうわたしは笑ってしまったんです。同じ映像を見ていたから。

ああ、そう！

会場8　まったく一緒なのね、と思って。それは以前、先生に言っていただいたことだったんです。わたしは今はできていないけれども、彼にそう話したら、彼もわたしにそれを見ていて、そこだったのね、って。

わたしもそこでつながっていたのですね。

会場8　はい。そしてそれをシェアしたら、そういうことを彼も以前、胸に抱いていたことがある、とおっしゃって、とても感動的でした。

〈会場　拍手〉

ありがとうございます。覚えていらしてくださいね。

Nさんはいかがでしたか？

会場9（男）　そうですね。おもしろいな、と思いました。

おもしろいですね。

会場8　まったく一緒でしたよねー。

会場9　そうですね。最初は全然意味もなく映像が浮かんできただけなので、わからないのでとにかく伝えただけなのですけど、びっくりしました。

これ、テレパシーですね。

会場8　そうですねー。

このテレパシーをこのようなかたちでおふたりに経験させてくださって、それをわたしたちにシェアしてくださるというのも、ホーリースピリットのお計らいですね。

必ず、いるべきときに、いるべき場所にいる

会場8 午前中に質問されたときに、先生、おっしゃっていらっしゃいましたよね。「今日、持って帰れる」って。だから、ああ、これだったんだー、と思いました。**【会場9は質問者11と同じ人物】**

ああ、そうでしたね！　クリアになりました？　午前中の疑問は。

会場9 そうですね。きっとそうなのだろうな、と思って、今はすごく……。まだ全然自分はずれているというのがわかっていますが、でも、ギャップがすごいなというのはなくて、どう埋まっていくのかな、と思います。エゴの視点にいるのでまだわからないですけど。

ずれてはいませんからね。必ず、いるべきときに、いるべきところにいますから。ここにいるはずではないのに、なぜこんなところにいさせられているのだ、というふうに文句をつけるのは、自分で回り道をしているようなものです。何らかの理由で今ここにいる、

何の理由だかよくわからないけど、できれば理由をわかりたいな、経験させてくださいというふうに、心におもちになるといいですね。そうすると早く進みます。

会場9　はい。

現状を受け入れると、とにかく早く進みます。追いかけたりあせったりすると、回り道になります。

質問者31（女）　個人的な質問なのですけど、わたし、もともと座禅的な瞑想を習っていて、たとえばこういうホーリースピリットとつながって質問してメッセージを受けるというふうにやろうとすると、つながる感じは本当にあって、すーっと入っていくんですけど、光が出て、ぱーっと開けてしまって、ただ、ある、みたいな、感じるだけみたいになってしまうんです。

すばらしいわね。

質問者31　何もない。光だけ。光しかない感じになってしまって、尋ねたことが返ってきたりとか、そんな感覚やイメージが出てくることがあまりないので、やり方が違うのかなと思うことがあります。ヒーラーの友達が横で見ていると、すごいつながっているよと言われるのですけど、わたしは何も聞こえない。これはどういう感じなのかなと思ってお聞きしています。

それはそれですばらしいですね。わたしたちはどんな状態も自由自在に選べますから、光の中で何もないというところに身を置いて委ねる、というのもかけがえのない経験だし、それができるということもすばらしいことです。でも、そうではなくて、意識をもちながら、いろいろやってみるというのも、それもまたおもしろい経験ですね。どんなふうにもなれるから、自分はこれしかできない、自分はこれだというふうに固定しなくてもいいかもしれませんね。

質問者31　違うところにつながるということでもない？

そういうことではありません。つながるというのは、ひとつの中に意識を戻すことですから。

質問者31　受けているのに、それを解釈できていないということなのでしょうか。

受けているけれども、それを言葉にすることよりも、気持ちよさに身を委ねているのかもしれませんね。それはそれでいいと思います。

質問者31　では、やり方が間違っているということでもない。

はい。間違ってはいません。

質問者32（男）　内容とはちょっと関係なくなってくるのですけれど、瞑想状態に入ろうと思って準備していると、身体が揺れてくるような、自分で揺れていると思っているだけかもわからないですけど、なんだか、ふわふわふわふわとなってくるのですが、それはそれで放っておいていいですか？

はい。大丈夫です。ダライ・ラマの瞑想がそうですね。あの方は身体を揺らしながら、4時間くらいやります。揺れる方というのはずいぶんいらっしゃって、それはそれでかまいません。

それから、ご自分が思っていらっしゃるほど揺れてはいません。すごく揺れているように感じられるかもしれませんけれど、それほどでもありません。揺れすぎて倒れるということもないですし、そのまま自然になさっていてください。

質問者32　はい。

わたしは以前、完璧にトランス状態になって、自分はあとでよく覚えていないけれども、何かメッセージを受け取って、それをしゃべる、という練習をやったことがあります。そういうことをやっていらっしゃる方に指導していただいたのですが、でも、自分で覚えていないというのは、何か自分にとってそんなに意味がないのではないかと思いました。そういうショーを見せる、という意味でしたら、そのやり方もおもしろいかもしれませんが、やはり自分の中で意識して受け取る、つまり、半分ぼんやりしているけれど、半分は意識がしっかりしている、そこでメッセージを受け取ってそれを話すという、この自分にちゃんと目覚めているというのは、わたしにとってはとても大事なことなんですね。つまり、自分のためにやっているということです。このやり方は、そんなに特別に時間をとらなくても、ちょっとしたことでできるし、とてもいいと思っています。

ハロー以外に何も付け加えない

いつもみなさんに申し上げていますけれども、人を見たら、その人のスピリットにハロー、こんにちは、と声をかけるという練習は大事です。とてもシンプルですが、大事です。とにかく誰かに会いに行くときは、実際に会う前にハローと声をかけて行く。出勤前にみんなにハローと声をかけて行く。通勤電車の中でもみんなにハローと声をかける。

これをすると本当につながっているその証拠に、自分の1日が変わる体験をします。それからハローと言った相手に、自分の気持ちが、そのハローが伝わるということも、なんらかのかたちで体験しはじめます。そしてそれは距離に関係ありません。ハローというのは、あなたとわたしは同じよ、ということをあらかじめ伝える言葉です。

そしてもうひとつ大事なことは、ハローの他に何も付け加えないことです。風邪をひいている人に、元気になってねと言わないこと。元気になってね、というのは、要求ですから。今のあなたが完璧であり、あなたがまるごとわたしであり、それは文字どおりそうなのです。そして、それがビジョンの入り口です。

ビジョンの入り口に行って、ビジョンを見ようと意志をもちつづけることによって、だんだん移行します。今まで身体の目で見ていたものは、絶対にリアルだと思って見ているから、どんどんリアルになっただけなんです。

移行が起きて、目に見えないもの、つまり自分の心が全部つくれることがわかれば、まず、アンドゥが、取り消しがどんどん楽になってきます。アンドゥをひとつすると、そこに霧が晴れて、何かが見えます。見えなかったものが、どんどん晴れてくると、どんどん見えてきます。

ですから、どんどん見て、どんどん霧を晴らしていくことを、日々のモチベーションにするといいですね。それを助けてくれる完璧なカリキュラムというのが、コースです。そして、ワークブックのレッスンです。

指示に従っていれば、レッスンの時間を忘れてしまった、抜かしてしまったというところはそのままにして、次に行ってください。あなたにはこういうものが見えるはずだ、という文章が時々出てきますが、それにも惑わされないようにしてください。優等生になろうというのは、この分野では利かないものですから。

それから変化は、いつもゆっくり坂をのぼるように何かが変わってくるというのでもありません。時々、ワッとびっくりするようなことが起こり、あれー？　と思っているとまた今度はちょこちょこ起こるようになり、そして、気がつくと、それが自分のスタンダードになっています。スタンダードを上げていくことですね。

いつどこで、わたしたちの心がオープンになるかはわかりません。レッスンの70でオープンになるかもしれないし、レッスンの3で急に変わるかもしれません。それは自分で決めることではなくて、いちばんよいときにホーリースピリットがくださることだから、それを楽しみにお待ちになるのがいいですね。

あと5分いただいてよろしいでしょうか。最後に、これだけ聞いておきたいという方、いらっしゃいますか？

質問者33（男）　単純な質問ですけれども、なぜスピリットのまわりにひらひらというか、エゴを身につけたのでしょうか。

身につけていません。

〈会場　笑い〉

質問者33　だけど、図に描いてあるということは、身についているわけでしょう。

いいえ、身についていないです。ないものを、こうやって見ていますね、といっています。ですから、身についてはいないです。

質問者33　なぜ、ないものを見るようになったのですか？

いいえ、過去はありませんから、そんな時期というものはありません。今、見ているかどうかです。

質問者33　エゴの起源というのはないのですか？

起源、はじまりというのは、今、ご自分がエゴにいるかどうかです。今、ご自分の意識が神から離れているかどうかだけです。

質問者33 エゴというのはずいぶん昔から語られているのではありませんか。ということは、やはりエゴの起源というか、出始めというか、そういうのがあるのではないかと思うのですけれども。

ありません。

質問者33 ないんですか。

はい。ありません。存在していないのですから、起源もないんです。

質問者33 わかりました。ありがとうございました。

質問者34（男）　なぜわたしたちは普遍的な真理を求めるクセがあるのでしょうか。

それはクセではなくて、また、求めているのでもなくて、普遍的真理が唯一の真理なので、どうしたってそこに戻ってしまうものなのですね。真理から逃げようとしても、逃げられないということです。本当のことを知りたいでしょう？　わたしもそうでした。わたしがこうしてやっているのは、本当のことを知りたいというそれだけです。わたしがなぜコースを学んでいるか、ということは、もちろん、今まで人生であれこれとやってきたこと、思ってきたことは、とんちんかんな過ちを含めて、本当のことを知りたい、本当の自分に還りたい、という思いにかられてのことです。

本当のことというのは、ああ、こういうふうにやさしく喜ばしいものか、というふうに思います。なによりも、わたしがこの『奇跡のコース』でずっと生きているのは、この『奇跡のコース』はその本当のことを、あなたはスピリットで実感できますよ、今、あなたのまわりにいるこの人たちと一緒にやれますよ、ということを、本当に懇切丁寧に導いてくれているということがあるからです。

『奇跡のコース』の真髄はこの親切さにあると思います。この用意周到に組まれたカリキュラムにあります。話している真実は、これはコースのオリジナルではありません、と、はじめに申し上げました。それを心の訓練をすることによって、ちゃんとできますよ、ということを、このように奇跡をちりばめながら導いてくれています。奇跡というのは、この道のご褒美ですね。そうだと思います。

「わたしは」という主語で話す

ですから、エゴはいつ発生したのでしょうか、と問いかけるのではなく、わたしはなぜこのエゴを見ているのでしょうか、なぜわたしはこのエゴをリアルだと思っているのでしょうか、というふうに問いかけの主語を変えたほうがいいですね。つねに「わたし」を主語にしてください。なぜならば、「わたし」しか存在しないからです。他人の中にエゴが発生して、それが伝染して自分もかかってしまったわけではないんです。

日常的にも、ものを話すときに、人に伝えるときに、「わたしは」という主語で話すということはとても大事です。「あなたは」とやらないことです。「わたしは」というふうに話すから、その「わたし」の発言は一般化されます。「わたしは」と話したことだけが伝わります。「わたしは今エゴでいっぱいで、悲しみと怒りでずぶずぶなのよ」これは伝わります。「あなたがこう言ったから不安でいっぱいになって、転んじゃった」これは伝わりません。

「わたしは」という主語で語られるものは、エゴであろうが何であろうが、みんながわかります。その言葉には、何の攻撃もないし、ただ、相手に対する信頼と、オープンさがあるだけです。相手は、信頼して話してもらったと思います。それを受け止めるということによって、「いいえ、あなたは愛の中にいますよ」ということをもうすでに答えています。それを答えてもらうのですね。

「わたしが」ということで話せば、必ず答えが返ってきます。誰に対しても、です。ホーリースピリットからはもちろん答えが返ってきます。ホーリースピリットは誰の心の中にもいますから、目に見えないホーリースピリットとはなかなかつながらないというふうに四苦八苦するよりも、目の前の人のところに行って、わたしはこうなの、というふうに話してみるといいですね。

そして「わたしは」という主語で始まるセンテンスには、ふたとおりしかありません。これも先ほど言いましたけれども、ひとつは「わたしは愛です」ということを言っている、「わたしはあなたです」「あなたはわたしです」という言葉がひとつ。それからもうひとつは、「わたしはあれこれ苦しくて、こんなことも起こって、あんなことも起こって、次にこんなことがあって、それからこんなことがあって、それでわたしはこうなって、そうしたら次の人がこうなって……」というドラマを語る、そのどちらかです。そしてドラマを語っているときには、その心は何かというと、この過去は終わりました、ということを伝えるために口にしています。

「この過去は終わりました」ということ、あるいは、「わたしはあなたです」ということを伝える、このふたつです。

だから、「こういうことがあって、あんなことがあって、どう思う？　ねえ、何々ちゃんが……」こういうふうに続いたときに、ああ、いやになっちゃう、またこの人の愚痴を聞いて、というふうにするのではなく、ええっ！　そうなの？　たいへんね、とそこに参加するのでもなく、ああ、この人はこうして愚痴っている、この人はこうして泣いている、この人がこうして苦しんでいる、これは、これが全部終わったということを確認したいのだな、わたしがここに一緒にいることによって、一緒に終わったことを目撃しているのだな、というふうに受け取ることです。

それを「今」という愛の中で聞くことですね。そして、聞き終わったときに、その人のそのドラマは終わりますから。

質問者35（女）　終わったって言っていいのですか？

言ってください。終わりました、よかった、って。まだ見えると言ったら、それは影が見えているだけだから大丈夫です。

【瞑想】わたしがたくさんの奇跡を見られるように助けてください

では最後に、終了時間が過ぎてしまいましたが、1分だけもう一度、わたしたちだけではなくて、日本全体、世界全体の今まさに暗いところで苦しい思い、つらい思い、痛い思いをしていらっしゃる方々に思いを寄せて、黙想させてください。

まっすぐなラインとともにグラウンディングします。

そしてご自分の意識に入ってくるすべての人々、東北地方の方々、福島原発周囲の方々、全員、意識の中にお招きして、わたしはあなたです、あなたはわたしです、そのことを確認なさってください。

そしてホーリースピリットに、わたしが——つねに主語は「わたし」です——、ここに、このみなさんとたくさんの奇跡を見られるように、ホーリースピリットの光を見られるように、意味のあることを見られるように、今、ここからスタートできますように助けてください、と。わたしは目撃者でいたいと思います、と。

〈3分経過〉

ゆっくり目を開けてください。

恐怖や悲しみをあおるような新聞記事が氾濫するのではなくて、そうではない、光のシェアリングが、大声をあげなくていいですから、できるだけたくさんのもの、たくさんの光のかけらがあちこちに飛び交うようになれば、その光はすべてを包んでくれます。

今日はありがとうございました。最初の企画とは少し違ったかたちになりましたけれども、この日にみなさんとこの時間をシェアできたこと、本当にうれしく思っています。遠方からも、よくいらしてくださいました。

またこうしてお目にかかれるといいと思っています。そのときにまたシェアリングをぜひよろしくお願い申し上げます。ありがとうございました。お気をつけてお帰りください。

〈会場　拍手〉

第2部　日々の実践ポイント

1　夢見る者

わたしたちの身体は、生まれてもいないし、成長もしないし、死ぬこともありません。わたしたちの個性などというものも存在していません。自我も存在していません。すべては、夢です。そして、自分とは誰かというと、「夢見る者」なのです。

夢の中で展開されているドラマ、その中のキャラクターのひとりが自分なのではなく、その夢を見ている者こそが、自分自身なのだと、自分自身の定義を変えることで、人生が、つまり、夢の中のドラマが変わってきます。その変化を、わたしたちは奇跡として見ます。

わたしたちはみな、でこぼこした性格をもっています。忘れっぽい性格、怒りっぽい性格、悠長な性格、おっとりした性格、過激な性格、涙もろい性格、その他いろいろ。良い性格、悪い性格というのは、この社会において適切かどうか、都合がよいかどうか、ということであって、性格それ自体、自我それ自体に、良いも悪いもありません。

わたしたちの善悪の判断は、すべて、「この社会において」「この世では」という見方にのっとってなされるものです。けれども、「この社会」「この世」もまた、じつは存在しておらず、夢にすぎないということならば、ものの善し悪しを計る物差しは無用となります。自我は存在しない、というコースの思考体系の土台を受け入れるならば、まず、あらゆる人間を、あらゆる物事を、あらゆる思いを判断、非難、批判するということから免れます。判断しなくてよいというより、判断しようがないのです。

そしてまた、この社会も存在していないのだから、自分を社会に適合させることに必死になる必要もないということになります。

自我（＝自分の、たとえばたった今もっているこの思い、この痛み、この快感、この悲しみ、など）が存在しない、ということを理解し受け入れるには、自我（＝自分のこの思い）と、自我が見ているもの（＝自分を取り囲んでいるこの世の中）の関係を、よく観察してみればよいのです。

この世の中は、この社会は、日本という国は、この会社は、わたしの家庭は、わたしの夫は、わたしの住まいは……などと、わたしたちが呼ぶものはどれも、一定の性格を保ってわたしたちを見守ってくれるということはしません。やさしいと思えば冷たく、寛大と見えて厳しく、その公平さに感謝しているとしっぺ返しを食らい、騎士のように頼もしいかと思うと自分から何もかも奪っていくように見える……。その変幻自在なありように、わたしたちは振り回されてしまうばかりです。一定していないから、わたしたちはいつも「思い直して」がんばろうと思ったり、「気分を変えて」出直そうと決意したりしないわけにはいきません。

そして、思い直し、気分を変えることで、事実、今まで見えていたものは、「少しだけ」そして「少しの間だけ」変化します。理由は明らかです。わたしたちが見るものはすべて、わたしたちの「思い」によって、その形状も色彩も動きも性質も、どのようにでも変わるからです。つまり、それらは確固とした存在なのではなく、思いを映し出す「曇った鏡」だということなのです。

なぜその鏡が曇っているのかというと、鏡を見ている自我が、それを鏡と認めていないので、いまだかつて、鏡を磨いたことがないからです。それどころか、その鏡をまっすぐ覗いたことがないからです。

自我は、自分のほうが鏡だと思い決めています。自分には自由がなく、目の前の相手によって、着たくもない灰色の服を着せられて、格好の悪い髪型を強いられていると信じているのです。自分には、服を着替えたり髪を切ったりする自由もなく、自分の姿を変えるには、相手に変わってもらうよりほかないと主張しているのです。

なんという自己倒錯でしょうか。

自分とはいったい誰なのか、疑いをもったアダムとイブが、おそるおそる鏡を覗き込むと、その鏡に映る姿が、みるみる獰猛な怪物に変わり、鏡の平面を超えてこちらに襲いかかってきました。わあっと声を上げて逃げ出したところで夢は終わり。アダムとイブは、夢を見るというアイデアを知らなかったので、それが夢だと認識できず、「ああ、自分たちこそ鏡だったのだ」と思い込むことになってしまいました。

倒錯の起源は？　と聞かれれば、わたしならこんなストーリーを想像します。そして、それは繰り返しおこなわれていることだと思います。

わたしたちは、自分の善悪を確認したくて、怯えながら人の顔を見ます。目覚めるたびに、はっとして、「自分とは誰だ？」「これでいいのか？」と焦燥にかられて、人の顔を探します。そして、その人の顔に、悪、罪、怒り、失望、批判、非難、哀れみ、嫉妬といったものを見て、ああそうなのか、自分とは悪なのか、罪なのか、と思うのです。自分はそのように定められているのだと。それが自分なのだと。そしてさらに、その恥辱にまみれた自分に耐えがたいあまり、目の前のその人の姿を変えようと躍起になるのです。あるいは、別の人の顔を見て、別の自分を発見したいと企むのです。

わたしたちは、はっきり認めるところから始めなければなりません。

自分自身に、ゆっくり、言ってみましょう。

わたしは、人を怖がっている。いちばん親しい人でさえ怖がっている。自分自身を怖がっている。人生を、社会を、この世を、宇宙を、そして神を怖がっている。ホーリースピリットも怖がっている。未来に起こるかもしれない悲劇を怖がっている。

言ってみて、それを自分が認められるかどうか、観察してみましょう。自分があまりに卑小で醜く、ひどい存在に感じて気がめいってきたら、その気分をしばらく味わってみましょう。それが自我です。間違えないでください。それは、あなたではなく、自我なのです。

自我にとって、新しい自己を発見するとは、別の人、別の環境、別の社会を探してそこに加わるということにすぎません。自分に、薔薇色の服を着せてくれ、輝く髪を与えてくれる人の鏡になって、自己陶酔すること、それが自我のいちばんの目標です。

あらゆる倒錯の目指すところは、陶酔です。

自我とは倒錯そのものです。だから陶酔を目指すのです。

そして倒錯とは、自他の関係が、逆さまになることです。

自我は存在しないし、社会も存在しない。だから社会に自分を合わせようとして苦しまなくてもよい。そう言われても、心の重荷がとれるどころか、「すべてが夢だというなら、何をすることにも意味はないし、生きる目的もない。いったいどうやって、その退屈な人生の時間を埋めていったらいいのだろう」と思ってしまう理由は、ここにあります。

そして、自他の関係が逆さまになる理由は、なによりも、自分の居場所が間違ってとらえられているからです。

自分とは夢見る者。それを勘違いして、夢の中の登場人物と思ったとたん、自他の関係が倒錯します。

倒錯と陶酔はひとつのもの、じつに魅惑的で甘い〝罪悪〟、つまり〝自己欺瞞〟です。ですから、『奇跡のコース』を学ぶということは、依存症からの快復カリキュラムに参加することと同じだといえます。〝甘美な苦悩〟から抜け出して、正気でいるさわやかさを味わうことなのです。

自分とは夢見る者。それを認めると、その夢は、一変します。夢見る者として、自分に力が戻ってきます。自信をもって、夢見ることができるので、その夢全体に自信が行きわたるからです。夢とは、自分の思いを映し出す鏡と同じだからです。

「苦悩がなければ生きる動機もない」「今の自分が不完全だからこそ生きる意欲がわく」

この思いこそが、自我の思いであって、この自我の思いを、自分の思いと勘違いしていたのだということを、思い出してください。

ああこの声が、自我の声なのか、自分の声ではなくて。

そのように気づく練習をしましょう。

自我の声は、自分の夢の中にだけ存在する、架空の声なのだと思い出すと、それまで感じたことのなかった、深い安堵を覚えます。解放されます。同時に、今までは百パーセント、その幻想を現実だと信じていたことに、戦慄しないではいられません。

それまでの人生の時間を、無駄にしていたわけではありませんが、見過ごしていたなと思わざるを得ません。自我の声を自分の声と思い込んでいたために、その倒錯の世界で、その声に生真面目に反応し、忠実に行動していた自分がこっけいに見えます。

さらには、今までの人生が、自分の夢の中の出来事にすぎないのであるなら、そして、今まで自分の声とばかり思っていたものが、自分自身のものではなく、存在すらしていないものであるなら、今後自分が見る世界、経験する人生は、自分ではとても予測できない、今までとはまったく別の法則によって成り立っているものなのだということを、認めることになるでしょう。

これが、これからの新しい物差しです。善悪の判断というより、現実（正しい見方。正気）と間違い（幻想を現実だとする思い込み。倒錯）を見きわめ、「どちらを選びたいか」

と自分に問うための物差しです。

この世の物差しは使うなといっても、食事はしていかなければならないし、納品日は守らなければならないし、約束の時間に遅れるわけにはいかないでしょう、と思われるかもしれません。

じつは、この世の物差しに従っているからこそ、収入の多寡を心配したり、納品日に間に合わなかったり、約束の時間に遅れたりということが起こるのです。この世の物差しに従うということは、今まで見てきたように、本当の自分自身に反旗を翻すことで、矛盾と罪悪感と恐怖をあらかじめもっているので、そのような気持ちでがんばっても、緊張が増すばかりでなかなかうまくいきません。

一方、新しい物差しでは、まず第1に、それが自分の見ている夢の物語とわかっていますから、深刻になる必要がありません。平静で肩の力が抜けた状態で物事の全体を見わたせるので、〝問題〟を起こしてあわてる必要もありません。また、第2に、夢見る者は、自分で夢を選べるのですから、わざわざ葛藤や争いを引き起こす理由もないわけです。もし葛藤が起こっても、平和裏に、そして、すみやかに、そこから抜け出すことは、もはや困難ではなくなります。ですから、生活していくための必需品や、納品日や約束の時間といったことが問題になるはずがありません。つまり、そのような問題は、すみやかに消えていきます。または、そのような問題を見たときに、感謝して、正すべきものを正すことを忘れずにいられるので、それはもはや問題にはなり得ないのです。

ところで、依存状態から正気に戻るためのプロセスには、ときに、過去と決別する非常な苦しみ、痛みを乗り越えることになるという「夢の中の物語」が信仰されています。これは信仰であって、事実ではありません。

もし、本当に選ぶなら、それは、即座になされます。苦しみなど、まったく必要ではありません。理由は単純明快で、夢見る者に、ふたつの、相反する心などなく、葛藤はあり得ないからです。

怖がる気持ちや、嫌悪感、怒り、罪悪感など、それらのものと闘おうとすれば、葛藤になりますし、勝ち目はないかもしれません。闘う代わりに、受け入れて、やさしい愛の光で照らしましょう。そこにいてもいいのよと言ってあげましょう。幻想が自分を傷つけることはないのですから。それを幻想として受け入れているかぎりは。

葛藤なく選べるのは、唯一、この選択だけです。あらゆる選択には、選ばなかったものへの未練や、選んだものへの疑いがつきものですが、この選択においてだけは、それがありません。夢見る者ではなく、夢見られる者、あやつり人形だったほうがよかったかもしれない、などと後悔することはないからです。

2　ワンネス

わたしたちの心には、ふたつの思考体系があります。

ひとつは、自分が夢見る者だということを忘れ、夢の中の登場人物だと信じている思考体系、自我の思考体系です。

恐れ、罪悪感、弱さ、後悔、心配、病、不安定、不安、嫌悪、怒り、嫉妬、「足りない感覚」、「自分はまだまだダメだという感覚」……。これらは全部同じもの。そして全部、自分の思いの中にしか存在していないものです。

もうひとつは、自分が夢見る者だということを思い出していて、夢の中の登場人物は全員自分自身であり、だから全員の幸せを見ようとしている思考体系、スピリットの思考体系です。

たとえば、愛、情熱、調和、信頼、安定、安心、完全、寛容、正直、穏やかさ、オープンさ、誠意、柔軟性、豊かさ、……であって、これらは全部同じもの。そしてこれらだけが、心の中にも、宇宙にも、どちらにも存在しています。つまりこれらだけが実在しているもので、これらを通してのみ、心と宇宙がひとつであるということを経験できます。ここにはわたしたちの想像をはるかに超えた大きな力があります。

そして、この世の思考は、すべてエゴの思考なので、もうひとつの思考体系で生きるということは、今まで学んだあらゆること、黒々と見えるひとつひとつの駒を、全部ひっくり返して白で埋め尽くすことだともいえます。奇跡とは、この世の法によればあり得ないとされることを指すのですから。

『奇跡のコース』は、そのための、スピリットに生きるためのカリキュラムです。カリキュラムにのっとって、練習していくこと、カリキュラムに誠意を捧げることで、誰にでも奇跡の経験がやってきます。

わたしたちの心は、自分の意識がどうとらえているのであれ、完璧ですから、ゴールを目指してがんばっていく、というようなことではありません。

わたしたちの本質は、神の意志そのものです。神の意志とは、わたしたちが、自分の授かったすべてのものをどんどん使い、分かち合うことによって、この世の思考体系ではないものの存在、完璧な力という存在を目撃するということです。

そして、自分を含めてすべての人々が神の子であり、神の意志の中にいつもすっぽりと包まれていて、守られ、世話され、安心していていいのだということをわかっていることです。それではじめて、神の意志が成就するのです。

誰ひとり、安全な神の家を出ていった者はいません。自分では出たつもりになり、孤児のようにうろうろし、親のいない嘆きを語り続けていたかもしれませんが、そして、親の家に戻ることはかなわない、家出した自分を、父なる神はけっしてゆるしはしないだろうと信じていたかもしれませんが、それはただ、神の家という自宅で見ている夢にすぎなかったのです。

とはいえ、意識は、神の家からはるかに遠ざかっていますから、家に戻る、意識の旅をあわてずに、しかし遠回りをせず、着実におこなうのが、コースのワークなのです。

練習するほど、意識は家に近づいていきますが、まずは、もうひとつの思考体系を受け入れよう、この世の考え方をひっくり返した思考を経験してみようと思うところから始めることになるでしょう。その最初のプロセスを、３つに分けてみることにします。

ステップ1　恐怖の思考に注意深くなる

エゴの思考にいるとき、わたしたちは、自分は未熟で弱いと信じています。罪悪感でいっぱいになり、怯えています。だから、人の言動に少しでもいつもと違うところがあると、「自分の何が悪かったのだろう」と考え込んでしまいます。そして、自分を守るために言い訳をし、理屈をこねて、相手の非をあげつらうのです。

あるいは、足りない自分をよりよくするのは必須で、もしそれを怠れば、「だめになってしまう」「たいへんなことになってしまう」と恐れています。

どんな問題も、自分がエゴの思考体系にいて、恐れでいっぱいになっているという証拠以外の何ものでもありません。対人関係であれ、病であれ、お金であれ、問題がどんなかたちをとろうとも、「ああ、問題を見ているということは、わたしはエゴの思考体系、すなわち、恐れの中にいるのだな」と、気づかなくてはなりません。

人に文句をつけたくなるとき、不快になるとき、嫌うとき、怒りに震えるとき、心配するとき、批判するとき、わたしたちは、恐怖に震える心を、そのようなあれこれの思考で隠そうとしています。あるいは、逃げようとしています。

誰かのことを怒っているとき、「ああ、自分はこんなに怖がっている」と正直になってみましょう。どんなにその怒りに正当性があるように思えても、自分が怖がっているのは確かなのです。何に対しても、平静に、やさしさと親切心、正直さ、思いやり、つまりスピリットの思考体系で見て、行動することができるのに、それをしていないとき、心が揺れているとき、わたしたちは怖がっています。

そのことを、まず、認めるところから、わたしたちは歩きはじめます。忘れたときにも同様に、またこの気づきに戻って、ここから再度、スタートするのです。

恐れとは、弱さであり欠如です。欠如とは、愛の欠如、力の欠如のことです。問題解決の道は、完璧な愛の中に戻る以外にないことは明らかです。

ステップ2　「痛い」のは怖くない

赤ん坊は、ぎゃあぁっと泣いて、すっと力を抜き、次の瞬間には満身のエネルギーを伸び伸びと放射させて笑います。

わたしたちは、ぎゃあと泣く代わりに、不快感や不安、恐れや痛みを、「怒り」や「非難」といった第2の思考にすり替えてしまいます。

相手に平手打ちを食わされると、痛いっ！　と感じる代わりに「やっぱりわたしを嫌いなのね」「わたしは足りないのね」という、痛みをカバーするために繰り返し使っている〝お得意の心の傷〟に逃げてしまうのです。

「痛いっ！」と受け止める練習をしましょう。人に、何か聞きたくない言葉を言われたときには「痛いっ！」。何か問題に行きあたったときにも「痛いっ！」「痛いっ！」「痛いっ！」。思考がその先に動こうとするのを、そこで止めます。心は、それはもう、つんのめるようにして、次の思考をつかもうとします。なぜ？　どうすればいい？　これはいったいどういうことなの？　何が悪かったの？　思考は際限なくめぐり、エゴの雲の中をぐるぐると回っていこうとしますが、なんとか〝痛み〟とともにとどまる練習をします。

するど、とてつもなくすばらしいことが起こります！

痛みを感じるということをすると、痛みを「見守っている自分」が存在することに気づくのです。

何かをじゅうぶんに味わうということは、その何かを見守る心を生かすということなのだと、わたしは、この経験から学びました。

痛い、悲しい、苦しい、という思いを、小賢《こざか》しく回転する頭脳に預けて逃げる代わりに、足をしっかり踏みしめて、感じきるとき、その思いが溶けていくのを自分が見守っていることに気づきます。

水平線に沈みゆく太陽に見とれてたたずむうち、その、大きく豊かな、明るく力強い太陽と、それに魅了される自分の両者ともを、静かに見守る目が心の中で開かれ、いつのまにか、自分自身がその目になっていることを発見します。

名づけようのないほどこんがらがった、どろどろした感情というものもあるかもしれません。それでも、わけのわからぬまま、感じてみましょう。感じるということと溺れること、耽溺することは同じではないのです。

耽溺とは、不感症の別称だと、わたしは思います。

アルコールに依存しながら大吟醸の喉ごしを味わえるとはとても思えないし、ストレスのイライラに任せて、スナック菓子の袋をいくつも開けているときに、はたしてその中身を舌の味覚がとらえているか、おおいに疑問です。

耽溺しているとき、わたしたちは、五感をシャット・アウトして、代わりに頭で御託《ごたく》を並べています。「わたしがこんなに不幸なのはあの人のせいだ」「あのときのバチがあたっているのだ」というような。自分自身または誰かを責めているか、自分を哀れんでいるか、自分が幸せになれないことを証明しようとしているか、そのようなことをしています。ドラマの中に浸っています。つまり、感じる代わりに、「わたしは痛みを抱えているという思考」の中に、自分を投げ入れているのです。

五感に頼らないというのは、五感をふさぐことではありません。五感を、本当に存分に使って感じ取るとき、わたしたちは、五感を含む夢の外にふっと出ていき、その夢を、慈しみの目で見守る人になるのです。

好きな人の魅力的な目を見て、ドキドキしながら目を伏せる、あるいは、自分のことをどう思っているのだろう、と上目遣いに見る代わりに、まじまじとその目を見てみましょう。その目の形を、目を縁《ふち》どるまつ毛を、まばたきを、瞳の動きを、色を、虹彩を、濡れ光った眼球を、よく見ましょう。見ていれば（その対象が何であれ）愛さずにいられなくなります。なぜなら、たとえば、その目の中に、なつかしいもの、なじみのあるもの、自分自身が見えてくるからです。

あなたの美しい目の中に、わたしがいたのでしたね。

こうして、わたしたちは、愛がここにあることに気づくわけです。

ステップ3　スピリットに戻る

見守る人は、興奮したりはしゃいだり、うっとりしたり、うれしさのあまり飛び跳ねたりするようなことはありません。代わりに、つねに満たされています。静かで揺るぎなく、すべてを受け入れています。だから、その目に見守られている夢の中の人物や出来事も、満たされ、慈しみにあふれます。愛で満たされ、安心し、自信を得るのです。

スピリットに戻るとは、そのような状態のことを指します。そしてこれが、アトーンメントを受け入れますという表明です。完璧な愛だけが解決であって、完璧な愛とはアトーンメントのことだからです。

とはいえ、ドラマの中で、〝大事な〟役割を必死に演じているキャラクターが、どうして「さあ、こんな役割はさっさと捨てて本当の自分に戻ろう」などと本気で思うことができるでしょうか。それよりも、今すぐ自分の正当性を相手に認めさせ、ドラマの勝者になることに躍起になるのではないでしょうか。あるいは、ずぶずぶの自己嫌悪や治まらない憤怒のただ中にいるときに、はたしてそこから「解放されたい」と思えるでしょうか。解放される代わりに、この自己嫌悪を徹底すること、怒りを向けた相手に深い罪悪感の楔《くさび》を打ち込むことに専心することになるに決まっているのではないですか。

でも、わたしたちを助けてくれるのは、わたしたちの鏡である、〝他の人々〟です。〝他の人々〟は、自分を助けるために自分の人生に登場してくれたのですから、彼ら彼女らに、ぜひとも助けてもらいましょう。

自分の意識をエゴからスピリットに戻すのは不可能でも、目の前の相手のスピリットを見ようとすることは、難しいことではありません。というより簡単なことです。

誰かのスピリットに、「ハロー！」とあいさつを送る練習とは、そのことをいっています。

自分のスピリットがどこにあるかわからなくても、相手のスピリットに意識を向ければんから、自動的に、あいさつを送っているのは自分の心の中のスピリットだということになります。

ハロー！　とあいさつするだけで、スピリットが、つまり、本当の自分自身が「やっとわたしを使ってもらえた！」と喜ぶのです。

一日中、あいさつしていましょう。出勤途中の路上でも電車の中でも、誰彼かまわずにハロー！　会社に着く前に、会社の人たちすべてにハロー！　会議に向かう前に、あらかじめ会議の参加者全員にハロー！

電車の中の、うしろのほうで泣いている赤ちゃんがいたら、その赤ちゃんはあいさつをもらって泣きやむでしょう。お散歩中の犬に行き会ったら、その犬は、不思議そうにこちらを振り向くでしょう。会議は、全員が安心感と信頼をもって臨むので、誰にとっても最高の決議となるでしょう。なにより、ハロー！　と言うたび、自分自身が喜びにあふれ、活気づいてくるのが鮮やかに実感されるのです。

この、スピリットにごあいさつを送る「Say Hello！ワーク」は、コースの本のどこを探しても出てきません。わたしはこのワークを、コースの教師、マヒュー・ハンソンから教わりました。1995年だったと思います。その後ずっと、わたしは、コースのクラスでもセッションでも、このワークをみなさんにいつも強くお勧めしてきました。リーディング、ヒーリング・ワークも、この「Say Hello！」をせずにおこなうことはありません。

わたし自身は、このワークを教わったその日から、文字どおり、誰彼に一日中あいさつを送りはじめました。

そのうちのひとりが、母でした。

わたしはニューヨークに住んでいて、母は東京です。これはスピリットのコミュニケーションのワークなので、時間も距離も関係ありません。

その頃、わたしと母は、離れて暮らしているので、話す機会も稀でした。用事があれば電話をかけ合いますが、とくに何もないのにおしゃべりをする、というようなことはまずありませんでした。その頃は、まだEメールも使っていません。母は、活動的な人ですし、情熱をもって打ち込めるものももっていましたから、つまらないおしゃべりで油を売る必要もなければ暇もないのです。わたしはそんな母でいてくれることに感謝していました。「便りのないのは元気な証拠」だし、お互いの活動に対して敬意と理解を示し合い、信頼し合っていると感じていました。

でも、「Say Hello！」のワークを教わったとき、わたしはすぐに、母に送りたいと思いました。そのことにまずびっくりして、心の中を落ち着いて観察してみると、そこにさびしさがあって、また驚きました。さらには、心の奥底で、自分は母からじゅうぶんに好かれていない、気にかけてもらっていない、と思っている部分が出てきました。その部分でわたしは泣いているのでした。

そのワークを教わった日から、母のスピリットにあいさつを送りはじめました。思い出すたび、送りました。

4日目でした。母から電話がかかってきたのは。

「どうしたの?」と、いつものように、わたし。

「どうもしないわよ。ただ、声が聞きたいと思っただけ」と、母。

わたしは、座っている椅子ごと、うしろにひっくり返りそうになりました。

一見、わたしのハロー!が、母を変えたかのように見えます。事実、その日を境に、母の態度は一変してしまいました。わたしたちは、長々とおしゃべりもし、いろいろなことを打ち明け合うようにもなりました。

けれど、変わったのは母ではありません。

母とのその電話は、長い時間ではありませんでしたが、ひとしきりおしゃべりをして受話器を置いたあと、今度こそ本当に泣いてしまいました。涙を流して泣きました。

涙の第1の理由は、「Say Hello!」が本当に効いたことの驚きと感激です。心とは、たしかに力をもち、心とは、たしかに距離を超えるものだという鮮やかな経験をしたことの感動です。

第2の理由は、母の声を聞いた瞬間に気づいたことでしたが、わたしに情愛を示していなかったのは、母ではなく、じつはわたし自身のほうだった、わたしのほうが、気持ちを表現するということを、母に対してじゅうぶんにしてこなかった、ハロー!と送ることで、わたしははじめてそれをやったから、母は、待ってました、とばかりに応えてくれたのだと、認めることができたからです。涙は、今までごめんなさい、の涙でした。気づけたうれしさの涙でした。けれども、なによりも、「全部、自分なのだ」「自分の経験は、全部、自分の心で選んでいるのだ」という全面的な認識に打たれたことによるものだったのです。

3　思いのたけを束ねる!

つねに思考が原因で、知覚、感情、感覚が結果です。そして、恐れの思考が原因となって現れた痛みの感覚は、それを味わい観察することで、その恐れによってつくられた痛みのドラマが、終わったことがわかります。観察している自分は、恐れの自分ではなく、受け入れた自分、愛の自分です。

恐れのドラマは終わりました。

今日という日を、昨日までの自分の続きを演じるために費やすことのないようにしましょう。目覚めと同時に、それまでの自分のドラマは全部「終わった」と思い出す練習は役に立ちます。そう、朝いちばんに、さあ今日もがんばろうと思う代わりに「すべては終わった」とつぶやいてから起き上がるのです。「夢は終わった。ここは天国だ」と付け加えてもいいかもしれません。

夢は、文字どおり、終わったのです。過去はここにはないのでした。

それは、昨日までの人生が、よくなかったということをいっているのではありません。人生のあらゆる一瞬は、朝露の一滴にも似て、澄みきって完璧で充足しています。ところが、夢の中のストーリーをコントロールしようとしはじめたとたん、「うまくいくはずがない」という声が内側から聞こえてきて恐怖にかられ、朝露の恵みを忘れてしまいます。

その声は、エゴの声です。エゴは、「うまくいくはずがないが、最善を尽くせ。あらゆる方法を試みよ。くじけるな」という意味を込めています。恐怖心は、そういう厳しい声に鞭打たれるのが好きですから、その日一日を、右往左往するのに費やします。鞭が飛んでこないと、恐怖心は燃え盛って、震え上がります。あわてて鞭を探します。すなわち、問題を急いで見つけるのです。つねに問題に囲まれることで、本当の自分に気づかせないようにしているのです。

恐怖心、不安、疑い、自信のなさは、自分を傷つけます。本当の自己を「あなたなど信じない」と決めつけて攻撃しているのと同じことだからです。

神に真っ向から反逆しています。

けれども、もし、その声を、「たしかにうまくいくはずがない」「うまくいかせようとしていたこと自体、正気の沙汰ではなかった」ととらえられるなら、世界は変わります。つまり、夢が終わったことを知覚できます。

いつのまにか、自分が、昨日まで見ていたDVDのディスクをプレイヤーから取り出し、別のディスクを入れたのだと、わかります。目に見えて物語が変わるので、わかるのです。

毎晩寝るときに、その日一日を含むすべての過去を流してしまいましょう。毎朝起きるときに、過去と切り離された新しい自分を受け入れましょう。小さな成功や、ほんのり甘い思い出、歓喜のひとときも、感謝して全部手放してしまいましょう。

過去（夢の中のストーリー）を、その夢がもう終わってしまい、過ぎ去っているというのに、まだすがりついている、今も続いている〝ふり〟をしているということは、過去への耽溺です。

すでに述べたように、わたしたちはみな、耽溺しています。けれども、そこから出ることもできるのです。過去を過去として解き放すには、耽溺をやめること、怖がらずに感じることがいちばんです。

「この人との関係をなんとか修復しなければ」と、夢の中でもがく代わりに、「自分は、この人との関係に疑いや不信やさびしさを見ている。もう見たくない」と認めましょう。

「なんとかしてヨガの教師として食べていかれるようにならなければ」と自分を叱咤激励する代わりに、「自分はヨガを楽しむどころか、収入の心配をしている。お金の不安を抱えながら好きなことも犠牲にするような生活はもう見たくない」と認めましょう。

「自分たちを災害や放射能の恐怖にさらしている政府がゆるせない」と怒りを抱える代わりに、「こんなふうに恐怖の中で生きるのはもういやだ。やめよう。違う生き方、違う見方をしたい」と認めましょう。

「昨日は仕事もうまくいってみんなに褒められた。今日も同じようにしたい」と緊張しながら意気込む代わりに、「今日は自分のもてる力の限り、愛の経験をしよう」とうんと欲張りましょう。

今日の幸せに、昨日までのドラマは、一切不要なのです。

耽溺の理由は、それを感じないということにある、ということも、すでに述べました。怯えずに感じ、その感じをもうやめようと決めることで、過去は解放されます。

わたしたちは、たくさんの散らかった思いや欲望、ちょっとしたアイデアの数々といったものを、抑圧しています。

「こんな欲望はエゴのものだから、真面目に考えるに値しない」

「こんなものを欲しがるなんて、自分は程度が低い」

「こんな俗っぽい夢をホーリースピリットがかなえてくれるわけがない」

「こんな大それたことを思うなんて身のほど知らずだ」

「こんな恥ずかしい悩みは誰にも言えない」

自分の中に生まれるさまざまなアイデアや欲望、思いを、ことごとく抑圧し、辱《はずかし》め、非難するのをやめましょう。

それらの思いが、自分の真実に触れず、情熱も続かず、取り散らかっていて、取るに足らないように感じるのは当然です。なぜかというと、それらはたしかに、落ち着きがなく、確信もなく、自分をどこへも連れていってくれないものだからです。

それでも、それらの〝つまらない〟思いはすべて、本当の思い、真実の自己の真実の思いからやってきています。真実の思い、スピリットから放射されるエネルギーを、自己批判や自己憐憫、恐怖と罪悪感に震え上がり、焦りまくっているエゴが、デフォルメし、かたちを変え、とりとめのない思いに変えているだけです。

デフォルメされた、そのかたちのひとつひとつにこだわるのはやめて、代わりに、そこにあるエネルギーを大事にしましょう。その怒りの中に、どれほどの力が埋まっているでしょうか。その悩みに、どれほどの精力を注いできたことでしょうか。

自分の中に生まれるもの、心に浮かんでは消えていくもの、強迫観念のように思い続けているもの、どうしてもあきらめきれないこと、そういうものを、「なんとかしよう」と思わず、あるがままに、受け入れてあげましょう。全部です。こんな考えはいやらしい、こんな嫉妬はすべきではない、そんなふうに自分をいじめるのはもう終わりにしましょう。

すべては、スピリットです。スピリットしか力をもちません。さまざまな思いのかたちがもっている力に感謝しましょう。たとえ、それが目に見えなくても。

「疲れた」と感じるその思いにさえ、エネルギーはたっぷり含まれています。「エネルギーが足りない」という思いそのものはたいへんパワフルです。スピリットの力が足りなくなる、ましてや枯渇するなどということはあり得ません。「疲れる」というのは、「チーズケーキが食べたい」という思いと等しく、思いのコンセプトにすぎません。自分の中のスピリットから放射されるエネルギーを使って、「さて、何を思おう」「そうだ、疲れを感じてぼやいてみよう」と決めているような感じです。その証拠に、ぼやいているそのときに、火事にでもなれば、思いはただちに「疲れた」から「逃げなければ！」に変わります。

かたちをもった思いは、全部、ホーリースピリットに託せます。

「これとこれ、あれと、それからあれも、全部託します。その中にあるわたしのスピリットが、伸び伸びと放射され、使えるようにしてください」

そのように頼むことができます。それが、そして、そのことだけが、もてるものを真に使いきることこそが、わたしたちの真の目的、生きる意味とはいえないでしょうか。

スピリットの力が限界のないものならば、それを目撃しよう、その力を使いこなしてみたい、せめて、もっと使えるようになりたい、そのように、心から思うのは難しいことでしょうか。

その他のあらゆる思いは、この唯一真実の思いを思い出させてくれる道具、つまり、「疲れた？　わたしが思いたいのはそんなことだったっけ？」「違うなら取り消したい」「スピリットの力をこそ感じたい」と心を訂正するための道具だと考えればよいのです。

すべてを受け入れること、そしてそのすべてを、たったひとつの大事な思いに束ねることで、生き生きした力が内側から噴き出してきます。

これが、浄化です。

浄化、デトックスというと、わたしたちは、自分の心身の汚れた部分を洗い流す、消し去る、捨てる、というイメージを思い浮かべます。古今東西、浄化とはつねにそういうことでした。穢《けが》れがあり、清めがあります。不浄があって、みそぎ、お祓《はら》いがあります。罪悪があって、償いがあるわけです。

『奇跡のコース』は、不浄、罪悪はどこにも存在しないと教えています。そのように見えるものは全部夢の中の幻です。ですから、幻を集めて捨てたり洗い流すというアイデアはナンセンスです。コースは、そうではなく、不浄に見えるものはすべて幻想であって存在していないということを受け入れることが大事なのだといっています。


奇跡はすべての人の権利です。しかし、その前に浄化することが不可欠です。

(テキスト1・1・7)


あなたの務めは、あなたの思いがすべて清められたときに始まります。

(ワークブック・パート1・レッスン151・15-2)

ここでいう浄化とはそのことです。間違えないように注意しなければなりません。浄化されなければならないのは、心だけであって、しかもそれは、捨てるのではなく、受け入れ、歪められたスピリットの力だということを思い出すことなのです。

わたしがはじめて断食を経験したのは、もう20年以上前のことになります。日本では、断食という言葉が今ほど一般的になっていませんでしたが、アメリカではすでに、断食で心身を清める、断食によって人生に成功する（！）などというコンセプトが行きわたっていました。

そしてわたし自身は、その年、説明のできない奇妙な過ごし方をしていました。好きな人（夫）と離れて暮らし、友人たちとも疎遠になり、ほとんど引きこもって、ひたすらスピリチュアルな本を読んだり、それを日本語にしてノートに写したり、瞑想し、ヨガをする、という日々でした。わたしの自我は、そんなことをしたくはありませんでした。夫に申し訳なかったし、というよりも、わたしの自我は夫と片時も離れたくはなかったのです。それに、誰にも、自分自身にさえ、理由を説明することができませんでした。仕事もしなければなりませんでした。それなのに、なにか抗《あらが》いがたい力に背中を押されるように、仕事をせず、収入源を断ったまま、ひとりきりで過ごすはめに陥っていました。

わずかばかりの貯金を崩しながら暮らしていましたが、ちょうど1年たった頃、そして、いよいよ来月の家賃が払えないところまで貯蓄が底をついた頃、思いがけないところ、忘れていた収入源からまとまったお金が入りました。そして、それからまもなく、ホーリースピリットのメッセージをはっきり聞き取れるようになったのです。

自分は、自我ではない大きな力に守られ、導かれているのだということを、実感しました。

そのときから、わたしの行動、人生の方向は、わたしが「そうしたい」「したくない」「好き」「嫌い」という思いではなく、「示されることをする」「差し出されたものを受け入れる」というやり方で、進んでいくように少しずつ変わっていきました。

それは、たいていは喜ばしい時間ですが、ときに自我が抵抗を示しました。たとえば、わたしはその夫と、再び一緒になるということをしませんでしたが、自我はそれを悲しんでいました。その後も、ホーリースピリットが送ってくれた人や機会に、単純に飛び込んでいけないことがありました。若い友人の訃報《ふほう》を聞いて、神様はひどい！　と思ってしまったこともありました。自我は、自分で決めないことや、自分で計画していなかった出来事に文句をつけるのです。でも、そういうときも、悲しさや痛みを進んで感じてみると、そこにあったように思えた抵抗など、じつはどこにもなかったことがわかります。焼いたマシュマロが口の中でシュッと溶けてしまうのにも似て。
そしてその冬、わたしは、今まで背負っていた心の荷物を全部降ろしてしまう気持ちが固まり、そのひとつの方法として、友だちと一緒に、1週間、水だけの断食をおこないました。こちらもはじめての経験です。

肉体を離れるとき、走馬灯のように人生が見える、といわれますが、断食でも、それに似た経験をします。毎日食べ続けることが、生まれてこのかたの人生だったので、その連鎖を断ち切ることは、いったんその人生をやめるのと似たことなのかもしれません。わたしは、3日目、4日目の、体力が落ちた頃に、たくさんのことを思い出し、というより、たくさんのシーンを次から次へと眺め、そして眺めるそばから、それらが去っていく経験をしました。去っていくというのは、思い残すことはないという感覚とともに、それらを解放してやり、それらが永久にわたしの心を離れるということです。

シーンのひとつひとつを見ているとき、良きシーン、いやなシーン、という区別はありませんでした。何を見ても、ほほ笑ましくもあり、愛しくもあり、同時に、どうということもない、といった感じでした。うれしい思い出、恥ずかしい思い出、好きだった人、苦手だった人、何を見ても、完全に同じ思いで眺めました。そして、心を離れるといっても、たとえばたった今、昔のことをわたしが思い出すこともできなくなっているかというともちろんそんなことはなく、記憶は今も確かにあるのですが、それらに与えていたエネルギーは、さっぱりと消えているのです。

エネルギーを過去に与えずにすむようになったので、断食後は、心身があれほど軽くなったことはないのではないかと思っています。なにしろ、歩いていても、足が地についているような気がしないのですから。浮かびながら、すいすいと、どこにでも移動していけるエイリアンにでもなったような気分だったのですから。

断食、しかも水のみの断食というのは、一般的にとらえられている心身の浄化という行為の、最も純粋なもののひとつに違いありません。けれども、浄化とは、厳密に、心のものであり（身体はもともと実在していないのですから、浄化もなにもないのです）、しかも、心が汚れるということはあり得ず、ただ、心の力が、幻想に〝無駄に〟使われているのをやめる、という訂正のことを指すのだといっていいと思います。

訂正をしたとき、わたしたちは、

「奇跡を見る準備ができました。お願いします」

と、ホーリースピリットに伝えることができます。

ここに、思いのたけが結集します。ここから、真実の体験が始まります。

4　ホーリースピリットと関係を築く

長い間『奇跡のコース』を学んできて、いちばん大事なのは、ホーリースピリットとコミュニケートすることだと思っています。

心の過ちを訂正すること、ゆるすこと、自分自身と、そして神と和解すること、相手と自分が等しいだけでなく、同じひとつの存在なのだと気づくこと、さらには、自分自身が、神の一部であって、愛も平和も豊かさも、安心も安全も喜びも、限界なく受け取り、経験できるということ、そのすべてを実現させてくれるのは、ホーリースピリットをおいてほかにないからです。

神は、何もしません。変わらなければならないこと、訂正の必要なものをごらんになりません。

ホーリースピリットは、神という、わたしたちには把握できない「全体」の断片を、こんな感じ、あんな感じ、と示してくれます。神に声があったらこんな声、という神の質を、わたしたちにわかるように見せてくれます。

そして、ホーリースピリットは、エゴの声も聞き届けてくれます。

ホーリースピリットにお願いする、メッセージをもらう、その練習を、わたしたちは絶え間なくしなければなりません。エゴの声と、ホーリースピリットの声とを取り違えないようにしなければなりません。

アメリカのブッシュ前大統領は、イラク侵攻を命じた際、「ホーリースピリットの導きだ」と主張しました。ホーリースピリットが、戦争を示唆することなどあり得るでしょうか。

そのような混乱を避けるために、コースがどのように教えているか、それから、わたしがどのように心がけているか、述べておきたいと思います。

まず、ホーリースピリットは、言動を指示することはありません。指示する代わりに、言動についてはホーリースピリットが、百パーセントの責任をもって「おこないます」。水分不足だから水を飲みなさい、という代わりに、なみなみときれいな水の注がれたコップを目の前に差し出してくれます。仕事を見つけなさいとはいわず、たとえば、歯医者さんの待合室でたまたま会話した人が、ベビーシッターを探していて、その場で採用されることになるでしょう。ホーリースピリットは、このようなことを全部やってくれます。

そしてホーリースピリットは、ホーリースピリットのしてくれることを見逃さず——疑いをもたずに目の前のコップに手を伸ばして水を飲むこと。意外な場所からやってきたベビーシッターの仕事をわくわくして受け取ること——受け入れて、それによって、その受け入れたものが、自分で想像していたものよりもずっと大きな喜びと幸せ、豊かさと安心を連れてきてくれる――ベビーシッターの仕事は、思いがけないことに、そのお母さん（ファッションデザイナー）とパートナーを組んで、ベビー服のブランドを立ち上げるという展開になった――ということを経験できる心を整えるために、心のガイドをしてくれます。これは実際にあった例です。

ホーリースピリットは、行動をコントロールし、心をガイドしてくれる存在なのです。ですから、ガイドを受け取るとは、「どうすればいいか」を尋ねることではないということを、はっきりさせておかなくてはなりません。「自分の幸せのためにするべきこと、与えられることを、しかと受け止め、従えるよう、わたしの心を導いてください」と頼みましょう。

ホーリースピリットを呼びたい、尋ねたい、導いてほしい、と思うとき、わたしたちがエゴの中にいるのは当然です。自分ではコントロールできない怒りや悲しみ、不安や恐怖で震え上がっているのかもしれません。だからこそ、「そうだ、ホーリースピリットならなんとかしてくれるかもしれない」と思い出すわけです。

それでいいのです。

怒りのただ中から呼んでも、ホーリースピリットは応えてくれます。「あの人を殺してやりたいほど憎い」と訴えても、その声をしっかり聞いてくれます。憎しみに応えてくれるのではなく、その憎しみを支えている力、歪められ、間違って知覚されているけれどもじつはスピリットから放射されている力につながってくれるのです。

ホーリースピリットは、言葉尻をとらえて、それによって答えを決めるわけではなく、そこにあるたっぷりとしたエネルギーを感じてくれるので、安心して、何を言ってもよいのです。肝心なのは、自分ひとりで解決しようとする代わりに、ホーリースピリットを思い出すことだけです。

ホーリースピリットを思い出すとは、ホーリースピリットにごあいさつを送って、お招きすることと同じです。親しくなればなるほど、頻繁にお招きすればするほど、コミュニケーションが円滑になるのは当然です。

何年も音信不通の知り合いにいきなり電話をして、「来週引っ越しするのだけど手伝ってくれない?」などと言う人がいるでしょうか。

ホーリースピリットは、それでも手伝ってくれます。「久しぶりに思い出してくれたね。うれしいよ。喜んで手伝うよ」と答えてくれます。そういわれて恐縮してしまうのはこちらです。大きな罪悪感を抱えるかもしれません。いいえ、やっぱりいいです、と、あわてて電話を切るかもしれません。引っ越しの間中、ぎこちない思いをするかもしれません。

あるいは、その寛容と穏やかさに対して怒りをぶつけるかもしれません。

ホーリースピリットと日頃から親しい関係を築いておいたほうがよい理由は、ホーリースピリットのためではなく、自分自身の心のためなのです。ホーリースピリットが応えてくれたときに、自分の心が、喜んで、安心して、感謝とともに受け止められるようにするためです。つまり、奇跡を受け取ることのできる心を育てるためです。

ホーリースピリットを呼ぶときは、心は荒れているかもしれなくても、ごあいさつをしてお招きしたそのときには、自分の中のスピリットが、力を得ているはずです。スピリットには、スピリットからしかつながれないのですから。

心の中には、まだ怒りの風が渦巻いているかもしれませんが、それでも、スピリットが開かれているのは感じるはずです。ホーリースピリットを感じるなら、その感じている自分はスピリットなのです。

ここから、コミュニケーションは始まります。

エゴ（怒り、悲しみ、苦しみ、痛み、不安、心配、嫉妬心、後悔、すべての問題）は、ホーリースピリットを思い出し、呼ぶためだけにあるといえます。

そして、いったん、ホーリースピリットとつながったなら、要求でも、取引でもなく、コミュニケーションを始めなければなりません。

コミュニケーションの基本は、伝えるということです。「あなたは、その人と、たった今、何のために話しているのですか。その電話は何のためですか」とワークブックのレッスンでも問いかけられています。コミュニケーションは、「伝えたい」という気持ちがあるときに始まります。

ホーリースピリットに、これを頼みたい、あれもお願いしたい、というのは、コミュニケーションではなく、要求です。そして、文句です。「あなたは、わたしに、これも、あれも、与えてくれていないけれど、心を変えて、与えてくれるよう要求します」と言っているようなものです。

要求ではなく、手をつなぎましょう。仲良くしましょう。緊張のない、くつろいだ、信頼だけでできている関係を築きましょう。伝えたい本当の気持ちを表現することによって。

その気持ちは、たぶん、ありがとう、ということではないでしょうか。

スピリットの存在を心の内に感じるとき、わたしたちは、その豊かさ、強さ、やさしさ、輝きをわずかにでも感知します。だからそれを伝えましょう。

「忘れていましたが、わたしはあらゆるものをいただいていました。わたしはすべてのものを持っていました。こんなにも受け取っています。こんなにも贈り物をいただいています。こんなにも満ち足りています。ありがとうございます」

これこそが、自分の本当の気持ちだったと、認めることができるでしょうか。

「認められなくてもいい。それでも感謝の気持ちを表しなさい」

そのように教えてくれる人たちもいます。けれど、『奇跡のコース』では、「何を言うかはまったく関係がない。心が何を思うことを選択するか、それだけが大切だ」と教えています。

感謝の第一歩からゆっくり始めてみましょう。

ホーリースピリットを思い出せてうれしいです。ありがとう。

あたたかな光を感じています。ありがとう。

つらいことがあるけれど、それでもお昼のスープをおいしくいただきました。ありがとう。

電車で、妊婦さんに席を譲ってあげられました。ありがとう。

まずは、そんなふうにやってみましょう。じきに、そんな具体的な事柄を超えて、ただ満たされた思いを伝えるようになってくるでしょう。そして、そのためにこそ、自分はホーリースピリットとコミュニケートしたかったのだと気づくでしょう。

感謝の報告は、もっと受け取れます、もっと受け取る用意があります、とはっきり述べることになります。だからもっと受け取れるのです。

さらには、できるだけたくさん受け取る方法は、新しいDVDをプレイヤーに入れることに違いありません。

「昨日までの物語は終わりました。今日から新しい物語が始まります。この新しい物語に、愛だけを見るつもりです。どうぞ、とっておきの愛をたくさん示してください！」

と、頼めるからです。

新しいDVDですから、登場人物も、物語の進行方向も、全部、新しいのです。

ホーリースピリットは、古いほうのDVDに登場していた人たちの形を使って、まったく新しい様相を示してくれます。

これ以上、たくさん受け取る方法があるでしょうか。

生まれ変わるたびに、物語をストップさせるたびに、じつにたくさんのものをもらえるのです。


そしてもうひとつ、たくさん受け取る方法は、自分のためではなく、誰かのためにもらうということです。

受け取るということは、与える、実践する、分かち合う、自分だけではなく、誰かのもとにも、贈り物が届く経験をするということだからです。

たとえばわたしは、この夏、父の病気から癒しを得ました。病が発覚したとき、本人と周囲の全員の心が、痛みや不安、死の思いでふさがれる代わりに、癒しの経験をさせてくださいと祈りました。そしてその経験が、わたしたち家族を超えて、すべての人たちの心に伝わるよう、そして、身体を離れて旅立ったばかりの友人にも届くように願いました。

わたしは、ホーリースピリットに、「わたしと父の、こんなにも信頼に支えられた関係をありがとうございます」と伝えました。「生と死について、わたしたちの関係について、家族で分かち合ってきたすべてのことについて、オープンに話し、分かち合えていることを、心から感謝します」とも伝えました。そして「父のために、もっと受け取りたいのです」と言いました。「受け取れるように助けてください。いただくものをひとつ残らず見逃さないように助けてください」と頼みました。そうしながら、父と、たくさんのことを話しました。分かち合いには、終わりがないように感じました。

わたしが受け取ると、父にもそれが伝わっていくのがはっきりわかることが、わたしの喜びでした。父の人生から、思いがけないほどの喜びの記憶が掘り出されてくるのを、そばにいて分かち合えることが、本当にかけがえのない経験になりました。または、すべての記憶が喜びの記憶に様変わりするのです。錬金術の不思議を目のあたりにしているような感じです。

ホーリースピリットは、わたしひとりと特別な関係を結ぼうとはしません。わたしひとりのために、何かを——お金であれ、病からの快復であれ、才能であれ——与えてくれるということはけっしてありません。特別な関係とは、つねに、他者を排除する関係ですから、ワンネス、ひとつの神の子に、わたしたちが加わることを妨げることになります。

新しいDVDを用意するのも、人のためにお願いするのも、じつは同じことです。「ここに、神の子の真の姿を見たいのです」と伝えることだからです。

ホーリースピリットは神の使者です。神の意志は、大勢いるように見える神の子が、ひとつの心になることです。神の子の真の姿が表れることです。ですから、神の子として人とつながることに意識を向けるとき、わたしたちは、たくさん受け取れます。つながるための適切な道具を受け取れます。その道具は、お金かもしれません。健康な身体かもしれません。受験の合格通知かもしれません。何であれ、それは次々とやってきて、わたしたちは、ひとつ残らずそれを受け取り、受け取ることで、人にもそのエネルギーを与えるのです。

つまるところ、わたしたちは何を受け取っているのでしょうか。ホーリースピリットを通して、神の愛を受け取っているだけなのではないでしょうか。

わたしは、父だけではなく、大勢のみなさんのために、毎日、ホーリースピリットとつながっています。毎日感謝し、お願いし、大勢のみなさんの光を見せていただいています。光は、さまざまな色をもっていて、その動きのバリエーションに限界がありません。奇跡の起こり方も無数です。

その人の中に、尊い、清らかな光を見ること。その人が、強さと美しさを発揮するのを目撃すること。その人が、悲しみの底に沈んでいるときでさえ、その奥に、情熱と調和のエネルギーが輝いているのを発見すること。それだけが、わたしに、自分とは何なのか教えてくれています。それだけが、わたしがここで生きている意味です。それだけが、喜びです。ですから、大勢の人たちのために、といっても、滅私奉公ということではありません。わたし自身がそうしないと生きていけないから、虚しさと倦怠の中に陥ってしまうから、かつてのように、自我の中で、重く波打つ心を抱えてもがかなければならないことがわかっているからなのです。

わたしは『奇跡のコース』を学んでいるおかげで、生きるということの目的と意味、喜びと愛、知りたかったすべてを、教えてもらいました。そしてまた、もっと学べること、いつまでも発見があること、喜びに限界がないこともわかっています。事実、毎日それが増えていくからです。

あとがきにかえて

2011年、夏。——もっとていねいに、もっと親切に

本書におさめられているセミナーの日から、これを書いている今日まで、6カ月たっています。

3月11日の東日本大震災から、「一生でいちばん長い半年」を乗り越えてこられた方も大勢いらっしゃることでしょう。

ここニューヨークでは、2001年9月11日の同時多発テロ事件から、ちょうど10年経過した、その時間の流れの大きさと同時に小ささを、みなが噛みしめています。また、そんな時期に起こった114年ぶりのアメリカ東海岸大地震、190年ぶりの大型ハリケーンのニューヨーク直撃、ということもありました。

わたし自身は、それに加えて、初夏の父の癌発覚から、夏の終わりの快復まで、という癒しの経験と、『奇跡のコース』のお仲間がおふたり、旅立たれるということがありました。

また、この夏は、さらにたくさんの社会的、政治的な大きな出来事が日本国内で、そし

て世界中で起こりました。台風12号が残していった大害は、今、生々しく目の前に横たわっています。

それらすべてを含めて、わたしは、これ以上あり得ない美しい夏を目撃させていただきました。肉眼がとらえるものの形に心がおののくという体験は、逆に、心のエネルギーをまっすぐに解放するきっかけになるものなのかもしれません。心の目を使いさえすれば、世界中に散らばっている心の数々が目覚め、ひとつになり、喜び合うのが見られます。そしてそのビジョンは、透き通っていて、限りなくやさしく、あらゆる形を完全にかき消すパワーを持っています。

災害も事故も、病も旅立ちも、その形の向こうには、等しく、ただひたすら美しく、豊かで、誇り高い魂の輝きしかありません。旅立たれた方々の慈愛にあふれた、そして色彩豊かな光しかありません。

心だけを見る、愛だけを見ることはほんとうに可能なのだと、つくづくと思いを刻む、かけがえのない夏になりました。

同時に、このような経験は、この2011年の夏を最後にしたい、もう「たくさんのこと」は要らない、とも思っています。今年の、まさに天変地異は、その心をこそ教えてくれているように感じます。

恐れ、不安、心配がなければ、ドラマは不要です。どんなドラマも幻想ですから、恐れることはなく、ホーリースピリットはいずれのドラマも喜びに転換してくれますが、それを承知しているなら、わざわざドラマを見る理由もないわけです。

でも、実際は「これ以上にはあり得ない完璧な夏」は、今までにもありました。これからもあるのでしょう。ドラマも、起こり続けるのでしょう。がっかりでもあり、楽しみでもあります。地上のこの世の夢はもうたくさんと思いながら、この世の夢に起こる奇跡が楽しみでもあります。

本書におさめられたセミナーは、はじめて『奇跡のコース』に触れた方々のためにおこなう予定のものでした。けれども、出席者のみなさんは、すでに、なにもかもご存じでした。本書をごらんになっていただければわかります。すべての質問内容は、質問ではなく答えそのものであり、また、答えに対する抵抗にほかなりません。わたしたちは、質問によって答えを分かち合い、抵抗をオープンにすることによってみんなで共に抵抗そのものを消滅させるという時間のために、セミナーという形を借りました。喜びと安心を分かち合うための時間でした。

『奇跡のコース』は論理ではなく経験です。日々の喜びを学びとしましょう。レッスンそれ自体をゴールとしましょう。

今日のレッスンは、将来のある日の成功のための道具ではありません。あとどのくらいがんばれば、心の平和が得られるのだろう、人生の諸問題が解決するのだろうと考えて、「そのための手段として」レッスンを使うことはできません。

今日のレッスン、今日の経験は、宇宙全体、人生全体のほんの一点でしかないと同時に、すべてのエッセンスをくまなく表現しているものです。宇宙も人生も——つまり神の心は——どこを切っても、何をとっても、同じもの、完璧なものです。わたしたちひとりひとりの、日々の経験のどの瞬間も、ホーリースピリットの完璧な贈り物です。その贈り物の触感をていねいに味わい、香りを嗅ぎ、あわてずに耳をすませ、じっと見て、しっかり実感したいものです。実感が、理解を深めます。ひたすら、もっとていねいに、もっとゆっくり、もっと自分の感覚に注意を向けて、そしてもっと自分にやさしくありましょう。そんな極上の人生の時間を創造していきましょう。『奇跡のコース』はこのうえない道案内です。

このすばらしいセミナーに参加してくださったみなさん、震災によってキャンセルを余儀なくされたみなさん、セミナーを企画運営してくださったナチュラルスピリットの今井博樹社長をはじめとしたみなさんに、心からお礼を申し上げます。そして、セミナーの一部始終の録音を書き起こし、新たにフレッシュなエネルギーを注ぎ込んでくださった編集の佐藤恵美子さん、この夏の分かち合いの一部始終に、深く、ていねいに、そして親切に関わってくださって、どうもありがとうございました。

最後に。わたしからみなさんへ、この夏の終わりの一日の、ホーリースピリットからのメッセージをシェアさせてください。

「心配せずに存分に生きなさい。わたしはあなたを死なせませんから」

香咲　弥須子

2011年9月5日

本書における引用文はすべて“A Course in Miracles”第2版（1992年）によります。

著者プロフィール
香咲 弥須子　Yasuko Kasaki
ニューヨーク在住。ヒーリング&アート・センター CRS 代表。
『奇跡のコース』の教えに基づくサイコセラピー、ヒーリング、ワークショップなどの活動をアメリカおよび日本でおこなっている。ニューヨーク『奇跡のコース』教師の会メンバー。
Association for Spirituality and psychotherapy メンバー。
「『奇跡のコース』のワークを学ぶガイドブック」シリーズ（ナチュラルスピリット）をはじめとする著書、訳書多数。

ホームページ　http://www.crsny.org

『奇跡のコース』を生きる実践書
奇跡を目撃し合い、喜びを分かち合う生き方

●

2011 年 10 月 22 日　初版発行
2011 年 12 月 12 日　第 2 刷発行

著者／香咲 弥須子
編集・ＤＴＰ／佐藤恵美子

発行者／今井博樹
発行所／株式会社ナチュラルスピリット
〒 104-0061　東京都中央区銀座 2-12-3　ライトビル 8 階
TEL 03-3542-0703　FAX 03-3542-0701
E-mail：info@naturalspirit.co.jp
ホームページ http://www.naturalspirit.co.jp/

印刷所／モリモト印刷株式会社

ISBN978-4-86451-021-9　C0011